ÉCOLE NORMALE SUPÉRIEU

Centre de recherche et d'étude pour la diffusion du français

CRÉDIF

A juste titre

Jacqueline JACQUET
Institut français de Barcelone

Michèle PENDANX
Lycée de La Garriga,
Institut de Ciències de l'Educació
(Université autonome de Barcelone)

— Outils pour les activités de langage —
Collection dirigée par I. Cintrat et Ch. O'Neil

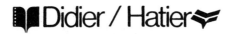

Table des matières

CARACTÉRISER

Observation

1	« Mettez des couleurs ! »	5
2	« Attention à leur place ! »	6
3	« Définissez-les ! »	7
4	Devinette (1)	7
5	Devinette (2)	8
6	« Êtes-vous comme ça ? »	9
7	« J'aime les gens... »	10
8	L'eau, le feu, la neige	10
9	« De qui, de quoi on parle ? »	11
10	L'homme à la gabardine	12
11	Le détail qui les a rendus célèbres	13

COMPARER

Observation

12	Pierre-Antoine et Charlotte	15
13	« On dirait quoi ? »	15
14	Le plus beau du monde !	16
15	Simple comme bonjour	17
16	« Laquelle choisiriez-vous ? »	18
17	Bleu comme...	19

EXPRIMER LA QUANTITÉ

Observation

18	Commissions et petits services	21
19	Quotidien	22
20	Ma ville	22
21	« Et pour vous, qu'est-ce que ça sera ? »	23
22	« Un tas ? C'est beaucoup ! »	23
23	Les chiffres que tout le monde connaît	24
24	Charade	24
25	Faites une liste	25

EXPRIMER LA POSSESSION – LES POSSESSIFS

Observation

26	« Regardez-vous dans la glace ! »	27
27	Portraits	27
28	Clichés	28
29	Objets trouvés	28

LOCALISER

Observation

30	Quelques mots sur...	31
31	Où ?	31
32	Encore des clichés	32
33	Vivre au village	33
34	« Ces villes, vous les connaissez ? »	34
35	« Imaginez un itinéraire »	34

EXPRIMER LA NÉGATION

Observation

36	« Qu'en pensez-vous ? »	37
37	« Non merci ! »	38
38	Il leur manque quelque chose (1)	39
39	Il leur manque quelque chose (2)	40
40	« Vous confondez tout ! »	41
41	« J'sais pas ! »	42
42	Il y a toujours un « mais » (1)	43
43	Changements	43
44	« Ça ne se fait plus ! »	45
45	Caricatures	45
46	« Pas moi ! »	46
47	« Pas de problèmes ! »	47
48	Recommandations	47
49	Il y a toujours un « mais » (2)	48
50	« C'est pas gai ! »	49

EXPRIMER L'HABITUDE

Observation

51	Les petits plaisirs	51
52	« Je me souviens... »	51
53	Routine	52
54	Les dates qui reviennent	54
55	Quelques habitudes des Français	54

EXPRIMER LE TEMPS

Observation

56	« Quel jour on est ? »	57
57	« Quelle heure est-il ? »	57
58	« Quel est votre programme ? »	57
59	Quelques dates à noter	58
60	Tout change	59
61	Les grandes découvertes	59
62	Métamorphoses	60
63	« Quand avez-vous commencé ? »	60
64	Consolation	61
65	Prévisions pour rire	62
66	« Ils ont de l'expérience ! »	62
67	Sur la piste de l'artiste	63
68	Quelques faits divers	64
69	« Qu'est-ce qui s'est passé ? »	65
70	Contretemps	66
71	Récit d'une vie	66
72	Souvenirs d'enfance	67
73	« Testez vos connaissances en civilisation française »	68

DIRE DE FAIRE

Observation

74	Pour être en forme	70
75	A faire, absolument	70
76	« Ils exagèrent ! »	71
77	« De la part de qui ? »	72
78	Ordres ou conseils ?	73
79	« Soyons subjectifs ! »	74
80	Proverbes	75

EXPRIMER L'INTERROGATION – LE DISCOURS INDIRECT

Observation

81	Votre questionnaire	77
82	Correspondance (1)	77
83	Correspondance (2)	78
84	Mystères et problèmes	79
85	Puzzle	79
86	« Alors ! Raconte... »	80

QUELQUES CIRCONSTANCES (VERS LA PHRASE COMPLEXE)

Observation

87	Trucs et bonnes adresses	83
88	Pêle-mêle	84
89	Projets	85
90	« Précisez pourquoi »	85
91	Anecdotes à raconter	86
92	Consommation	87
93	Idées-cadeaux	87
94	« Quelles sont leurs intentions ? »	88
95	Avec des « si »	89
96	Robinson	89
97	Regrets	90
98	Bavardages	90
99	Décisions pas trop graves	92
100	« Trouvez le lien »	93

Index — 95

Avant-propos

Les 100 exercices présentés dans ce livre sont envisagés comme des *activités de systématisation ;* ils ont donc leur place dans l'apprentissage, dont ils sont un support parmi d'autres. Il est difficile de préciser le moment où il convient de les utiliser : en effet, c'est aux apprenants et aux enseignants de déterminer — ensemble ou non selon les situations — le moment où cette systématisation apparaît nécessaire. Cependant, on peut penser qu'ils peuvent être introduits après des activités d'écoute, d'appropriation globale, de production guidée ou de production libre, etc., autrement dit *quand déjà un certain sentiment linguistique a pu se construire chez l'apprenant.*

Ces exercices sont conçus comme des *activités de production écrite ;* par là-même, ils entraînent une *activité analytique* chez l'apprenant, dont il faut tenir compte pour la mise en œuvre du travail en classe.

Il s'agit d'exercices de grammaire, c'est-à-dire d'*exercices dont l'objectif est l'emploi de formes linguistiques.* Des formes considérées comme difficiles en français ont été retenues, dont celles qui font traditionnellement l'objet d'un travail en FLE.

Ces formes sont toujours présentées en situation, car *c'est le sens qui va guider le travail de l'apprenant.* En effet, l'expérience montre que les exercices basés sur un travail "structural" des formes linguistiques s'avère peu rentable dès que l'apprenant se trouve confronté à des situations de communication réelles. C'est pourquoi *les formes retenues sont travaillées dans la situation de discours qui les appelle.* Pour ces exercices, on a recherché des déclencheurs économiques et efficaces, qui proposent des situations d'emploi courantes.

Ainsi, puisqu'ils font largement appel à l'expression, et non à une transformation automatique d'une forme en une autre, ces exercices impliquent dans une certaine mesure l'apprenant, quoique dans les limites d'un exercice de grammaire, bien entendu. C'est pourquoi, au moment de la correction, la plupart d'entre eux impliquent des *échanges entre apprenants et avec l'enseignant.*

Ces exercices sont regroupés par notions et fonctions, et à l'intérieur des dossiers, ils sont classés du plus simple au plus complexe. Il convient, naturellement, de *les utiliser selon les besoins.*

Quant au niveau d'apprentissage prévu, ces exercices peuvent être utilisés en fin de niveau 1, ou après 250 heures de français, selon les cas.

• Mode d'emploi pour l'enseignant

Exercices

1. Présentation

Ces exercices sont en situation : il faut donc exploiter le titre et, éventuellement, la petite phrase qui présente la situation.

2. Déroulement

L'exemple doit être bien compris : l'apprenant doit savoir ce qu'on attend de lui, quant à la forme à utiliser dans la situation proposée.

Pour préparer l'apprenant, il est souhaitable qu'une partie de l'exercice soit faite oralement dans le groupe-classe, l'exercice complet étant ensuite fait par écrit individuellement.

3. Correction

Ces exercices ne sont pas auto-correctifs, ils admettent souvent de nombreuses réponses : la correction collective s'impose donc le plus souvent, et peut se faire de la façon suivante :
— les étudiants proposent leur réponse, et la justifient si besoin est ;
— l'adéquation de la réponse à la situation peut être éventuellement discutée, et évaluée par le groupe-classe, avant l'intervention de l'enseignant.

Pages pour l'observation grammaticale située en tête des dossiers

On peut s'y reporter de manière ponctuelle pour observer l'emploi de certaines formes ; on peut aussi utiliser ces pages pour faire une synthèse sur une notion ou sur l'emploi d'une forme donnée.

• Mode d'emploi pour l'apprenant

Ce recueil *peut devenir pour vous un instrument de consultation* utile et agréable tout au long de votre apprentissage du français : soyez donc clair, précis et exigeant quand vous ferez ces exercices.
• *Observez les pages d'introduction* aux dossiers.
• Cherchez à *comprendre les titres des exercices* et leur relation avec ce qui vous est demandé. C'est A JUSTE TITRE qu'on vous les propose.
• Apprenez à *observer les exemples* avant d'écrire.
• *Servez-vous de l'index :* il vous aidera à vous orienter dans cet ouvrage.

CARACTÉRISER

« La fleur que tu m'avais jetée
Dans ma prison m'était restée. »
(*Carmen,* opéra de Bizet)

L'homme à la moto
(Chanson d'Édith Piaf)

« Celui qui croyait au ciel
Celui qui n'y croyait pas. »
(*La rose et le réséda,* poème de Louis Aragon)

S'arrêter au feu rouge
(Code de la route)

Les grands blonds et les petits bruns
(Chanson de Claude Nougaro)

S.N.C.F.
(Société Nationale des Chemins de fer Français)

Rue du Chat-qui-Pêche
(Rue de Paris)

« Le pauvre homme! »
(*Tartuffe,* comédie de Molière)

Une poule sur un mur
Qui picote du pain dur...
(Comptine)

Quelle est la couleur du cheval blanc d'Henri IV?
(Devinette)

Le Petit Chaperon rouge
(Conte de Charles Perrault)

1 « Mettez des couleurs! »

Place de l'adjectif

1. En France, il y a des couleurs qui sont caractéristiques de certains métiers, de certains objets, etc.
Trouvez-les en reliant les phrases ci-dessous :

Exemple :

Les chirurgiens ont **des vêtements verts.**

Les agents de police ont •	• une robe blanche
Les postiers circulent •	• un stylo rouge
Les chirurgiens ont •	• un uniforme bleu
Les mariées mettent •	• en voiture jaune
Pendant le Tour de France le leader porte •	• des camions rouges
Le professeur corrige avec •	• des vêtements verts
Pour une soirée les hommes mettent •	• une croix verte
Les pharmacies ont •	• un maillot jaune
Les pompiers ont •	• un smoking noir

✎ *Et dans votre pays?*

2. On peut faire des portraits avec quelques détails colorés ▪.

Exemples :

Un rideau rouge,
Un costume bleu et rose, } c'est un *Arlequin* de Picasso.
Un chapeau noir,

Des cheveux noirs,
Une peau blanche, } c'est Blanche-Neige.
Des lèvres rouges,

Des cheveux verts ou roses,
Des vêtements noirs, } c'est une fille *Punk*.
Des lèvres noires,

✎ *A votre tour, proposez quelques portraits à vos camarades.*

▪ La description peut être complétée à l'aide d'autres adjectifs placés devant le nom.
Exemple : un **grand** rideau rouge.

2 « Attention à leur place! »

Place de l'adjectif

Voici des adjectifs qui se placent habituellement devant le nom : beau ; bon ; faux ; grand ; joli ; petit ; vieux. *Complétez les phrases suivantes à l'aide d'un nom de votre choix précédé de l'un de ces adjectifs. Pensez aux accords■ :*

Exemple :

Au Marché aux Puces[1], j'ai acheté
$\left\{\begin{array}{l}\textbf{une vieille pendule.}\\ \textbf{un vieux piano.}\\ \textbf{...}\end{array}\right.$

1. Rome, avec ses fontaines, ses places, ses monuments, quelle ... !
2. L'essence est chère, je vais acheter une ... .
3. Il voulait garder tous ses meubles, il a dû louer un(e) ... .
4. Avec ce pantalon en soie, un(e) ... ira très bien.
5. C'était son anniversaire ; elle a fait un ... pour mettre les trente bougies.
6. J'ai rangé mon armoire, et j'ai jeté tous mes ... .
7. Il adore la photo ; quand je pourrai, je lui offrirai un ... .
8. Il ne voulait pas être identifié ; quand on l'a interrogé, il a donné un ... .

....

....

....

....

....

....

....

....

■ Attention ! L'usage décrit dans la consigne ne concerne que les noms désignant des êtres non animés.
1. Marché où l'on vend toutes sortes d'objets d'occasion.

3 « Définissez-les! »

Place de l'adjectif

Voici quelques personnages célèbres.
Caractérisez-les sur le modèle suivant :

Exemple :

Victor Hugo, **c'est un grand poète** $\left\{\begin{array}{l}\text{romantique.}\\\text{du XIX}^e\text{ siècle.}\\\text{français.}\\\text{...}\end{array}\right.$

Qui suis-je?

— Lénine.	— Freud.
— Beethoven.	— Gandhi.
— La Callas.	— Claude Monet.
— Catherine de Russie.	— Jesse Owens.
— Dante.	— Virginia Woolf.

Voici des noms dont vous pouvez avoir besoin :
athlète; cantatrice; écrivain; homme politique; impératrice; musicien; peintre; psychanalyste; romancière.

4 Devinette (1)

Pronom relatif *qui*

Les phrases suivantes cachent chacune un personnage célèbre. Qui est-ce?

1. C'est quelqu'un qui est né en Allemagne, mais qui a vécu longtemps aux États-Unis. C'est quelqu'un qui était un élève médiocre à l'école, mais qui a inventé la théorie de la relativité■.

Qui est-ce? ....

2. C'est quelqu'un qui a commencé par enseigner la philosophie. C'est quelqu'un qui est né à Paris, et qui a publié ses mémoires. C'est quelqu'un qui a toujours défendu la cause féministe, et qui a été la compagne de Jean-Paul Sartre.

Qui est-ce? ....

✎ *A votre tour, fabriquez une devinette.*

■ Remarquez la différence avec le jeu habituel du portrait :
   — le mot *quelqu'un* évite de dire si c'est *il* ou *elle;*
   — la devinette proposée ici est rédigée et n'est pas qu'une accumulation de phrases indépendantes les unes des autres.
■ Les personnages proposés ici entraînent une prédominance des temps passés. On peut bien sûr choisir des personnages plus jeunes et vivants si l'on désire insister sur les verbes au présent.
■ Ces devinettes, et d'autres qu'on pourra inventer, peuvent être recopiées sur des fiches, et donner lieu à une lecture rapide en classe.

5 Devinette (2)

1. *Les définitions suivantes cachent chacune un objet. Devinez lequel :*

   Exemple :
   C'est quelque chose qu'on allume et qu'on jette.
   Qu'est-ce que c'est? **Une allumette.**

   a. C'est quelque chose qu'on met et qu'on enlève ... .
   b. C'est quelque chose qu'on lit et qu'on garde ... .
   c. C'est quelque chose qu'on lit et qu'on jette ... .
   d. C'est quelque chose qu'on décroche et qu'on raccroche ... .

   . . . .

   . . . .

   . . . .

   . . . .

2. *Trouvez une définition correspondant aux mots suivants :*

   a. Une lampe, c'est quelque chose ... .
   b. Un escalier, c'est quelque chose ... .
   c. L'argent, c'est quelque chose ... .
   d. La porte, c'est quelque chose ... .
   e. Un verre, c'est quelque chose ... .

   . . . .

   . . . .

   . . . .

   . . . .

   . . . .

✎ 3. *A votre tour, fabriquez des devinettes à proposer en classe.*

6 « Êtes-vous comme ça »?

Verbe *être* + adjectif : forme affirmative - forme négative

Lisez les caractéristiques de votre signe du zodiaque. Êtes-vous d'accord?
Faites des phrases que vous commencerez par :■

C'est vrai, ce n'est pas vrai, { je ...
{ je ne ... pas ...

Bélier

(21 mars - 20 avril)
Il fonce sans réfléchir. Impulsif et violent. Indiscipliné. A horreur des contraintes. A besoin d'être aimé pour exister.

Taureau

(21 avril - 21 mai)
Calme, patient. Il s'intéresse à beaucoup de choses. Est souvent naïf et sentimental. Aime sa famille et est fidèle.

Gémeaux

(22 mai - 21 juin)
Il enjolive tout avec sa fantaisie. Inconstant, très sociable. Il aime s'amuser. Est très impressionnable en amour.

Cancer

(22 juin - 22 juillet)
Très intuitif. Il a l'air distrait mais est pourtant vigilant. Vit dans le passé. A le goût du merveilleux. Manque de sûreté en amour.

Lion

(23 juillet - 23 août)
Ambitieux. Il n'aime pas les critiques. Il semble sûr de lui mais il ne l'est pas. Sensuel. Il se passionne facilement.

Vierge

(24 août - 23 septembre)
Il observe les autres et analyse tout. Studieux et raffiné. Réservé. A un tempérament inquiet. Très fidèle.

Balance

(24 septembre - 23 octobre)
Est moqueur et léger. Déteste la solitude. Il aime plaire, séduire et même éblouir.

Scorpion

(24 octobre - 22 novembre)
Adore contrôler. A beaucoup d'énergie. Très persévérant. Quand il aime il est possessif et même parfois jaloux.

Sagittaire

(23 novembre - 21 décembre)
Curieux de tout, il veut tout voir. C'est le touriste parfait. Aime les aventures. Aime les amours folles.

Capricorne

(22 décembre - 20 janvier)
Persévérant, prévoyant, réfléchi. Il aime le pouvoir. N'oublie rien. Ne parle pas beaucoup. Est très fidèle en amour.

Verseau

(21 janvier - 18 février)
Actif, accueillant, curieux. Très intuitif. Résolument moderne. Fidèle en amour mais aime retrouver de temps en temps son autonomie.

Poissons

(19 février - 20 mars)
Est hypersensible. Mystérieux. Son humeur peut varier facilement. Il ne se confie pas. Sait se faire aimer.

■ Démarche possible :
  – Les élèves annoncent leur date de naissance ;
  – ils donnent leur signe du zodiaque ;
  – ils se groupent par signe ;
  – ils discutent du descriptif proposé ci-dessous.

7 « J'aime les gens ... »

Pronom relatif *qui*

1. Quels comportements aimez-vous, ou n'aimez-vous pas, chez les gens que vous fréquentez?
Complétez les phrases suivantes :

> **Exemple :**
>
> J'aime
> Je n'aime pas } les gens timides } **qui ne font jamais les premiers pas.**
> **qui n'ouvrent jamais la bouche.**

a. J'aime / Je n'aime pas les gens hypocrites qui ... .
b. J'aime / Je n'aime pas les gens sincères qui ... .
c. J'aime / Je n'aime pas les gens sérieux qui ... .
d. J'aime / Je n'aime pas les gens décidés qui ... .

. . . .

. . . .

. . . .

. . . .

2. *Complétez en décrivant le type de garçon ou de fille que vous aimez : comportement, attitudes, caractéristiques physiques, etc.*

J'aime { les garçons qui ... .
{ les filles qui ... .

8 L'eau, le feu, la neige

Pronom relatif *qui*

Voici une description évocatrice de l'eau. Lisez-la :
L'eau,
   c'est quelque chose qui mouille ou qui rafraîchit,
   c'est quelque chose qui est transparent, mais qui sert de milieu,
   c'est quelque chose qui peut être vapeur, goutte ou glace.

✎ *Sur ce modèle, caractérisez d'autres éléments de la nature : le feu, la neige, etc.*

9 « De qui, de quoi on parle? »

Pronoms démonstratifs *celui, celle, ceux, celles*

Trouvez une réplique qui convienne :

Exemple :

— Apporte-moi le journal, s'il te plaît.
— Celui d'aujourd'hui?
- — **Non, celui d'hier.**
- — **Non, celui qui est dans le porte-revues.**
- — **Non, celui que Xavier a oublié hier.**
- — ...

1. — Regarde la fille, là-bas.
   — Celle qui est au comptoir?

   — Non, ...

2. — Tu peux ranger les bouteilles?
   — Celles qui sont par terre?

   — Non, ...

3. — Il arrivera par le train.
   — Celui de 19 heures?

   — Non, ...

4. — Finalement je me suis acheté un blouson.
   — Celui qui avait plein de fermetures Éclair?

   — Non, ...

5. Tu n'as pas vu mes clés?
   — Celles de la voiture?

   — Non, ...

6. Tu sais, mes voisins...
   — Ceux qui font tellement de bruit?

   — Non, ...

7. Hier, j'ai rencontré le copain de Christine.
   — Celui qui travaillait dans une banque?

   — Non, ...

8. — Tu te rappelles, le garçon blond d'hier?
   — Celui que Claude nous a présenté?

   — Non, ...

10 L'homme à la gabardine

Après un assassinat, la police interroge cinq suspects, dont les caractéristiques sont les suivantes :

a. Visage :
– yeux : l'un porte des lunettes noires ; les autres ont respectivement les yeux bleus, marron, noirs, verts ;
– cheveux : l'un est chauve ; les autres ont respectivement les cheveux blonds, châtains, noirs, roux ;
– barbe : l'un est bien rasé ; l'autre mal rasé ; les autres ont respectivement une barbe, un collier, une moustache.

b. Vêtements :
– pantalon : écossais, noir, gris, rayé ; un jeans.
– gabardine : blanche, beige, gris foncé, verte, marine.

c. Professions : mécanicien, médecin, menuisier, ministre, musicien.

Le signalement du coupable est le suivant :
l'homme a les yeux clairs, il porte un pantalon uni et une gabardine claire.
Qui est-ce, Jacques ? Jean ? Joseph ? Jules ? Julien ?

Pour répondre, remplissez-le tableau de la page ci-contre à l'aide des indications suivantes ■.
   1. Le médecin a les cheveux châtains.
   2. Julien n'a pas les yeux verts.
   3. Joseph est le premier à gauche.
   4. Le musicien s'appelle Julien.
   5. Celui qui a les yeux marron est entre Joseph et le mécanicien.
   6. Jean est à droite de celui qui a un jeans.
   7. Le ministre a un collier.
   8. Celui qui est à droite de Joseph a un jeans.
   9. Le médecin est entre Jean et Joseph.
  10. A droite de Jacques il y a celui qui a les cheveux roux.
  11. Julien a les cheveux noirs.
  12. Le menuisier a un pantalon rayé.
  13. Le blond n'est pas à côté de Jean.
  14. Le mécanicien est au milieu.
  15. L'homme à la gabardine beige a une moustache.
  16. Celui qui a les yeux marron est à côté de celui qui est bien rasé.
  17. Celui de droite a une gabardine marine.
  18. Jules a un pantalon noir.
  19. Jean a les cheveux roux.
  20. Joseph est à côté de l'homme à la gabardine verte.
  21. Le roux a des lunettes.
  22. Celui qui a une barbe a les yeux marron.
  23. Le ministre a un pantalon noir.
  24. Julien n'a pas de pantalon écossais.
  25. L'homme à la gabardine gris foncé est à gauche du chauve.
  26. Le menuisier a les yeux bleus.
  27. Jules est à côté de l'homme à la gabardine marine.
  28. Celui qui a les yeux bleus n'a pas la gabardine blanche.

moi j'suis l'flic !

■ Pour faciliter votre travail, vous pouvez :
– faire une première lecture des 28 phrases pour trouver celles qui donnent une information que l'on pourra reporter sur le tableau (ici, les phrases 3, 14 et 17) ;
– faire une deuxième lecture des 28 phrases, compléter le tableau progressivement, et ainsi de suite jusqu'à ce que le tableau soit rempli.

yeux					
cheveux					
barbe					
pantalon					
gabardine					
profession					
nom					

11 Le détail qui les a rendus célèbres

Préposition *à* et article

— Berthe aux grands pieds (Femme de Pépin le Bref, VIIIe siècle).
— La Dame à la licorne (Tapisserie du XVe siècle).
— La Madone au lapin (Peinture du Titien).
— Le Chevalier à l'épée (Peinture du Greco).
— La Jeune fille au turban (Peinture de Vermeer).
— Le Chevalier à la rose (Opéra de Richard Strauss).

✎ *A votre tour, caractérisez de cette façon,
poétique ou humoristique, quelques
personnes de votre entourage.*

COMPARER

« C'était, dans la nuit brune,
Sur le clocher jauni,
    La Lune,
Comme un point sur un i. »
    (*Ballade à la Lune,* poème d'Alfred de Musset)

On dirait qu'il a avalé un parapluie !
    (Expression populaire)

Le plus beau de tous les tangos du monde
    (Chanson)

« Le jour n'est pas plus pur que le fond de mon cœur »
    (*Phèdre,* tragédie de Racine)

« Comme la plume au vent »
    (*Le Barbier de Séville,* opéra de Rossini)

Rouge comme une tomate
(Expression populaire)

Un « tiens » vaut mieux que deux « tu l'auras »
    (Proverbe)

Que le meilleur gagne !
(Expression toute faite)

D, comme Delta
T, comme Tango
    (Code de l'aviation civile)

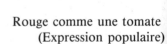

12 Pierre-Antoine et Charlotte

Plus, moins, aussi + (Adj.) *que* – *Plus, moins, autant de* + (N) *que*
Plus, moins, aussi + (Adv.) *que* – (Verbe) *plus, moins, autant que*

Lisez les portraits de Pierre-Antoine et de Charlotte, puis comparez-les.

Exemple :

Pierre-Antoine est plus brun que Charlotte. Elle est aussi grande que lui... Il est plus jeune qu'elle...

Pierre-Antoine est très brun. Il mesure 1,70 m. Il ne parle pas beaucoup, mais il a bon caractère. Il gagne 10 000 F par mois. Il fait des économies parce qu'il souhaite s'acheter une maison de campagne. Quand il joue aux cartes, il gagne toujours. Il adore la lecture et passe ses dimanches au milieu des livres. Il parle couramment anglais. Il porte toujours une cravate. Il n'a jamais eu d'accident de voiture. Il a cinq semaines de vacances par an. Il a vingt-six ans.

Charlotte est brune. Elle mesure 1,70 m. Elle a beaucoup d'amis. Elle est bien gentille, mais elle s'énerve facilement. Elle gagne 10 000 F par mois. Elle sort beaucoup et change souvent de voiture. Elle aime jouer aux cartes, mais elle ne gagne pas souvent. Elle fait de la voile, du jogging et de la danse. Elle parle couramment anglais. Elle aime s'habiller sport. Elle conduit très vite. Elle a cinq semaines de vacances par an. Elle a trente ans.

13 « On dirait quoi? »

Comparaison *on dirait...*

Complétez les phrases ci-dessous, à la page suivante.

Exemple :

C'est du tissu synthétique, mais il est très agréable au toucher ; on dirait { de la soie.
de la laine ∎.
...

1. Regarde ce nuage, on dirait ... .
2. Cette pierre est bien imitée ; on dirait ... .
3. C'est de l'espéranto, mais on dirait ... .
4. Elle a un très bon accent, on dirait ... .
5. Tu n'as pas honte de sauter sur ton lit à ton âge, on dirait ... .
6. Il fume beaucoup et il tousse de plus en plus, on dirait ... .
7. Avec son pantalon troué et son vieux chapeau, on dirait ... .
8. Quel beau coucher de soleil ! On dirait ... .

∎ *On dirait,* dans d'autres contextes, peut exprimer la supposition.
Exemple : en touchant un tissu que l'on n'identifie pas, on peut dire : « On dirait de la soie. »

. . . .

. . . .

. . . .

. . . .

. . . .

. . . .

. . . .

. . . .

14   Le plus beau du monde!

Superlatif *le plus, la plus*

1. L'Everest, c'est le sommet le plus haut du monde.
Sur ce modèle, dites ce qui distingue :

— Le Groenland.
— L'Amazone.
— L'Europe.
— New York.

. . . .

. . . .

. . . .

. . . .

2. *Faites le même exercice à partir de réalités françaises.*

Exemple :

Le Monde, c'est le journal

⎧ **le plus lu à l'étranger.**
⎨ **le plus sérieux.**
⎩ **le mieux informé**
 ...

1. La tour Eiffel, c'est le monument.....
2. Le football.....
3. Le champagne.....
4. La Bretagne.....

. . . .

. . . .

. . . .

. . . .

Et dans votre pays?

15 Simple comme bonjour

Comme . Expressions toutes faites

1. *Dans la liste ci-dessous, reliez les adjectifs aux noms qui leur sont associés dans certaines expressions toutes faites.*

Exemple :

Doux comme un agneau.

(A) bavard •	→ • un agneau (1)
(B) doux •	• l'éclair (2)
(C) ennuyeux •	• un jour sans pain (3)
(D) heureux •	• la justice (4)
(E) jaloux •	• le monde (5)
(F) léger •	• une pie (6)
(G) long •	• les pierres (7)
(H) malheureux •	• la pluie (8)
(I) malin •	• une plume (9)
(J) raide •	• un poisson dans l'eau (10)
(K) rapide •	• un singe (11)
(L) vieux •	• un tigre (12)

2. *Cherchez des situations, des personnes ou des personnages très marqués auxquels ces expressions peuvent s'appliquer, et faites des phrases.*

16 « Laquelle choisiriez-vous? »

Comparatifs

Voici les caractéristiques de deux voitures françaises.
Comparez-les.

Exemple :
L'AX est plus légère que la 205.
L'AX pèse plus que la 205.

Voiture	CITROËN AX 11TRE	PEUGEOT 205 XL
Puissance (CV)	50	55
Vitesse maximum (km/h)	145,6	155,8
Consommation (90 km/h)	5,3	4,7
Freins	Disques Avant Tambours Arrière	Disques Avant Tambours Arrière
Poids (kg)	775	680
Capacité réservoir (l)	50	36
Longueur (m)	3,70	3,50
Prix TTC (francs)	53 000	56 000
Forme (esthétique)		

17 Bleu comme...

Comme + N

Lisez :

Bleu comme tes yeux.
Bleu comme la mer un jour d'été.
Bleu comme ce paquet de gauloises.
Bleu comme le ciel quand les montagnes sont blanches.
Bleu comme un tableau de Picasso.
Bleu comme l'éternité.

Choisissez une couleur, et dites ce qu'elle vous suggère en vous inspirant des lignes ci-dessus■.

Cet exercice gagnera à être réalisé **collectivement** (groupe, classe ou sous-groupes).
Démarche possible : écrire au tableau toutes les associations proposées et les ordonner afin d'obtenir un petit texte.

EXPRIMER LA QUANTITÉ

Quelques fleurs
(Parfum)

« Mille sabords ! »
(Capitaine Haddock)

Un peu d'amour, un peu d'espoir
(Valse)

Il (elle) m'aime,
un peu, beaucoup,
passionnément, à la folie,
pas du tout.
(Comptine)

6 810 000 litres d'eau par seconde
(Poème de Michel Butor)

J'ai du bon tabac
(Chanson traditionnelle)

Un, deux, trois,
J'irai dans les bois...
(Comptine)

Beaucoup de bruit pour rien
(Comédie de Shakespeare)

« Si tous les gens du monde voulaient s'donner la main »
(*La Ronde,* poème de Paul Fort)

Ils étaient des milliers, ils étaient vingt et cen
(Chanson de Jean Ferrat)

Le temps, c'est de l'argen
(Proverbe)

« J'en ai assez ! J'en ai marre ! J'en ai ras le bol ! »
(Expressions familières)

Pour une poignée de dollar
(Film de Sergio Leone)

En quatrième vitesse
(Expression populaire)

18 Commissions et petits services

Pronom *en*

Complétez chaque phrase par l'un des groupes verbaux proposés à la suite.

Exemple :

– Alors, j'achète du pain?
– Non, **il en reste encore.**

1. N'oublie pas de prendre des pommes de terre, ... une seule !
2. J'ai de beaux ananas aujourd'hui, ... un pour dimanche?
3. – Tu n'as pas besoin de timbres? Je vais à la poste.
   – Si, ... cinq pour l'Afrique.
4. Je fais une tisane pour maman, ... une toi aussi?
5. Si tu veux des jeans pas chers, ... chez *Mods*.
6. – Je ne connais pas de dentiste ici !
   – Moi, ... un qui est très bien.
7. Va l'acheter au centre-ville, parce que des journaux étrangers, ... dans le quartier.
8. Achète aussi des œufs, s'il te plaît ! ... pour faire les crêpes.
9. Je vais aux *Galeries Modernes,* tu veux que je te ramène des bas? ... en réclame.
10. Tu peux prendre ma voiture, ... ce soir.

je n'en ai pas besoin – j'en ai – on n'en trouve pas – tu en veux – vous en voulez – ils en ont –
je n'en ai plus – prends-en – il y en a – il n'y en a pas.

....

....

....

....

....

....

....

19 Quotidien

Pronom *en*

Complétez les phrases suivantes.

Exemple :

Du café? $\left\{ \begin{array}{l} \textbf{Je n'en bois plus,} \\ \textbf{J'en prends très rarement,} \end{array} \right\}$ le médecin me l'a déconseillé.

1. Des lunettes? ... seulement pour lire.
2. De l'alcool? ... quand on conduit.
3. Des bandes dessinées? ... parce que mes enfants adorent ça.
4. Du jardinage? ... depuis que j'habite dans un appartement.
5. De la pâtisserie? ... , elle n'aime pas ça.
6. Un vélomoteur? ... un, parce que je trouve ça très pratique.
7. Du tricot? ... , mais, maintenant, ça ne me dit plus rien.
8. Du jogging? ... quand on n'est pas cardiaque.
9. De la crème hydratante? ... pour bronzer.

....

....

....

....

....

....

....

....

....

20 Ma ville

Expression de la quantité :
beaucoup de, trop de, beaucoup trop de, pas assez de, pas beaucoup de, pas un(e) seul(e), pas de + N

1. *Choisissez un aspect de la vie collective :* programmes de télévision, organisation scolaire dans votre pays ou tout autre sujet, *et donnez votre opinion en utilisant les locutions adverbiales proposées ci-dessus.*

2. Qu'est-ce qui rend une ville agréable à vivre : les musées? les parcs? les vieux quartiers? les places? le cafés? les équipements publics?
Y a-t-il tout cela dans votre ville? Qu'en pensez-vous? Faites des phrases.

Exemples :

Dans ma ville, **il y a beaucoup de parcs,** c'est agréable.
Dans ma ville, **il n'y a pas de bibliothèque publique,** c'est dommage.

21 « Et pour vous, qu'est-ce que ça sera? »

Quelques déterminants

Si on dit :
une boîte de petits pois, une botte de radis, une bouteille de cidre, un paquet de café, un pot de confiture, un tube de mayonnaise, un sachet de bonbons, une tranche de pâté...
Comment demanderez-vous les produits suivants dans une boutique?

Exemple :
Une tranche de jambon, s'il vous plaît.

— du jambon.	— des sardines.
— du dentifrice.	— du beurre.
— des allumettes.	— des carottes.
— de la moutarde.	— des gâteaux secs.
— du vin rouge.	— de la crème.

22 « Un tas? C'est beaucoup! »

Expression de la quantité (langue familière)

1. Chacune des phrases de la colonne A (langue familière) a pour équivalent une phrase de la colonne B (langue standard).
Reliez-les.

A	B
Elle a un tas de copains •	• J'ai beaucoup de livres à lire.
Il y avait pas mal de monde hier soir •	• Il a beaucoup de chance.
Il est plein de fric •	• J'ai beaucoup de choses à faire.
J'ai un tas de bouquins à lire •	• Elle a beaucoup d'amis.
On a un de ces boulots en ce moment •	• Il est très riche.
Il a une de ces veines •	• Elle est assez disponible.
J'ai une foule de trucs à faire •	• On a beaucoup de travail actuellement.
Elle a pas mal de temps libre •	• La salle était assez pleine.

2. *Complétez les phrases suivantes par une des phrases de la colonne A.*

Exemple :

Je ne m'ennuierai pas, { **j'ai un tas de bouquins à lire.**
{ **on a un de ces boulots en ce moment !**

1. Il roule en Mercedes ... .
2. Il a encore gagné à la loterie ... .
3. Oui, il est assez connu comme acteur ... .
4. Le téléphone n'arrête pas de sonner chez elle ... .
5. C'est bientôt Noël ... .
6. Ses enfants déjeunent à l'école ... .
7. Non, impossible ce week-end ... .

....
....
....
....
....
....

23   Les chiffres que tout le monde connaît

| Les adjectifs numéraux |

Il y a :
> les neuf muses,
> Blanche-Neige et les sept nains,
> les cinq doigts de la main,
> le premier amour,
> le septième ciel

> …

Continuez.

24   Charade

| Adjectifs ordinaux |

1. *Fabrication d'une charade.*
a. Prenez un mot ; séparez-le en plusieurs syllabes de façon que chacune d'entre elles constitue un mot court.

> **Exemples :**
> **Cinéma** peut être décomposé en : **si / né / ma**
> ou aussi en : **si / nez / ma**
>
> **rideau : riz / dos**
> ou bien : **riz / do**
>
> **automobile : haut / tôt / mot / Bill**
> ou bien : **haute / au / mot / Bill**
>
> **grammaire : gramme / mère**
> ou bien : **gramme / mer**

b. Donnez une définition de chacun de ces mots courts, puis une définition du mot entier.

Exemple :

Mon premier $\left\{\begin{array}{l}\text{est une affirmation. } \textbf{(si)} \\ \text{est une note de musique. } \textbf{(si)}\end{array}\right.$

Mon deuxième $\left\{\begin{array}{l}\text{est au milieu de la figure. } \textbf{(nez)} \\ \text{est le contraire de mort. } \textbf{(né)}\end{array}\right.$

Mon troisième est un possessif. **(ma)**

Mon tout est le septième art. **(cinéma)**

2. *Trouvez la charade suivante :*

Mon premier est une préposition ou un verbe.
Mon deuxième est tout de suite après quatre-vingt-dix-neuf.
Mon troisième est un membre de la famille.
Mon tout monte et descend.

. . . .

25 Faites une liste!

Déterminants

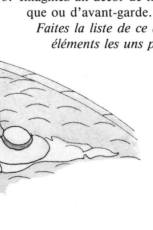

1. Une mère de famille confie une liste de courses à l'un de ses enfants.
Imaginez cette liste en choisissant une circonstance précise : un repas de famille, un pique-nique, un goûter d'enfants...

2. *Faites une liste des affaires que vous mettrez dans une valise pour partir dans un endroit de votre choix.*
Lisez cette liste à vos camarades qui essayeront de deviner où vous allez.

3. Imaginez un décor de théâtre pour une pièce romantique, dramatique ou d'avant-garde.
Faites la liste de ce qu'il vous faudra, puis situez les différents éléments les uns par rapport aux autres.

EXPRIMER LA POSSESSION
LES POSSESSIFS

Se promener la main dans la main, se regarder les yeux dans les yeux.
  (Ce que font les amoureux)

« Il pleure dans mon cœur
Comme il pleut sur la ville (...) »
  (*Ariettes oubliées,* 111, poème de Paul Verlaine)

Prendre son pied
  (Expression familière des années 80)

« Notre Père qui êtes aux cieux
Restez-y (...) »
  (*Pater noster,* poème de Jacques Prévert)

Vivre sa vie
  (Film de Jean-Luc Godard)

Ton thé t'a-t-il ôté ta toux?
  (Phrase-jeu phonétique)

Moi, je m'en lave les mains.
  (Expression populaire)

« Rendez à César ce qui est à César, et à Dieu ce qui est à Dieu. »
  (Évangile selon saint Matthieu)

Il a le bras long...
  (Expression populaire)

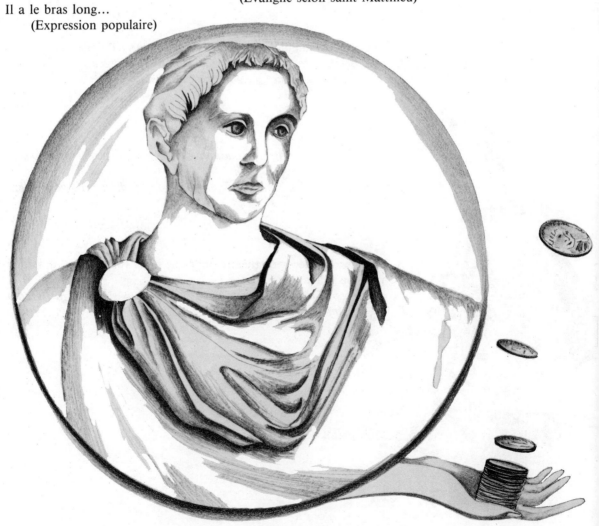

26 « Regardez-vous dans la glace! »

Les parties du corps précédées de l'adjectif possessif ou de l'article

Lisez les phrases (imaginaires) suivantes :

1. J'aimerais bien avoir les yeux bleus *(signé Michael Jackson).*
2. Je trouve que mes dents ne sont pas assez blanches *(signé Julio Iglesias).*
3. Je suis brune, mais je me teins les cheveux en bleu, en vert... *(signé Nina Hagen).*
4. J'aime bien mon nez *(signé Popeye).*
5. J'ai les oreilles trop petites *(signé Snoopy).*

✎ *A votre tour, dites ce que vous pensez de votre visage.*

27 Portrait

Les parties du corps précédées de l'adjectif possessif et de l'article

A partir d'une photo ou d'un dessin, faites le portrait de quelqu'un que vous trouvez beau, intéressant...

Exemple :

Elle a les yeux noirs, ses cheveux sont très courts...

28 Clichés

> **Adjectifs possessifs des 1re 2e et 3e personnes du pluriel**

Dans certains pays, on entend dire, au sujet des Français :

– J'aime
- leur façon de s'habiller.
- leurs chansons sentimentales.
- leur tradition révolutionnaire.
- ...

– Je n'aime pas
- leur cuisine au beurre.
- leur chauvinisme.
- ...

– Je ne comprends pas
- leur sens de l'humour.
- leur politique économique.
- ...

– J'admire ...

1. *Trouvez-vous quelque chose à ajouter?*

2. *Et que dit-on souvent des habitants de votre pays?*
(*Complétez :* Les étrangers aiment nos ..., notre ... .)

3. *Parlez ensuite des habitants d'un pays de votre choix.*
(*Commencez ainsi :* Je connais (un peu/bien) les ... . J'aime leur ... .)

29 Objets trouvés

> **Notion d'appartenance :** *être à la, au, à l'* + N

Dans le compartiment d'un train, sept objets ont été trouvés :
un diamant-boucle d'oreille – un chapeau de paille – un couteau – un harmonica – un parapluie – deux billets pour le music-hall – une trousse de maquillage.

Le contrôleur se souvient des sept personnes qui occupaient le compartiment :
un étudiant – une dame élégante – un touriste américain – un homme d'église – un jeune homme en blouson noir – une jeune Anglaise bronzée – une jeune femme « sexy ».

1. *Dites à qui il attribue les objets perdus.*

   Exemple :

   La trousse de maquillage? **Elle est à la jeune femme « sexy ».**

2. En réalité, le contrôleur se trompe.
Rectifiez son erreur en imaginant une solution plus originale, puis justifiez-la.

Exemple :

La trousse de maquillage? **Elle est à l'étudiant; il fait du théâtre**
(ou : **C'est la trousse de maquillage de sa copine**).

LOCALISER

NOGENT-SUR-MARNE : Sous-préfecture du Val-de-Marne, à l'est du bois de Vincennes. 25 801 habitants (Nogentais). Nogent est traditionnellement un lieu de réjouissance populaire pour les Parisiens. Watteau y est mort.
(Le Petit Robert 2)

Viens à la maison, j'habite chez une copine
(Chanson de Renaud)

Va voir là-bas si j'y suis !
(Expression populaire)

L'année dernière à Marienbad
(Film d'Alain Resnais)

Tintin en Amérique
Tintin au Congo
(Albums d'Hergé)

Tous les chemins mènent à Rome
(Expression populaire)

Du côté de chez Swann
(Roman de Marcel Proust)

Il court, il court, le furet...
Il est passé par ici,
Il repassera par là...
(Chanson populaire)

Loin des yeux, loin du cœur
(Proverbe)

N'importe où hors du monde
(Petit poème en prose de Baudelaire)

Sens dessus-dessous
(Sketch de Raymond Devos)

Dans la ville blanche
(Film d'Alain Tanner)

30 Quelques mots sur...

à, au(x), en, dans + Nom propre

Complétez à l'aide de la préposition qui convient.

1. *Les Beatles :* Chanteurs anglais nés . . . . Liverpool. Leurs disques ont été vendus . . . . tous les pays du monde. En 1970, ils se sont séparés. L'un d'eux, John Lennon, est mort tragiquement . . . . États-Unis, pays où il résidait.

2. *Montserrat Caballé :* Soprano catalane, née . . . . Barcelone. Après avoir triomphé . . . . New York, elle est devenue célèbre . . . . le monde entier.

3. *Lech Walesa :* Syndicaliste polonais. Il a commencé à militer . . . . Gdansk, grande ville industrielle. Il a reçu en 1983 le prix Nobel de la Paix. C'est sa femme qui est allée recevoir le prix . . . . Stockholm.

4. *Eddy Merckx :* Coureur cycliste belge. Il a remporté de nombreuses victoires, notamment . . . . Belgique, ... France et . . . . Italie.

✎ *A votre tour, dites quelques mots sur quelqu'un de célèbre.*

31 Où?

Prépositions et adverbes de lieu : *dans, dedans / sous, dessous / sur, dessus*

Complétez les phrases de la page suivante :

Exemple :

Elle adore l'eau : elle reste des heures { **dans son bain.**
{ **sous la douche.**

1. N'oublie pas de passer l'aspirateur ... .
2. On m'a volé mon sac, heureusement il n'y avait rien ... .
3. Tu as encore acheté un pull? Mais tu en as déjà cinquante ... !
4. Pour bronzer, les gens passent des journées entières ... .
5. Les voleurs ont cherché, mais ils n'ont rien trouvé ... .
6. J'ai fait un gâteau et ... j'ai mis quelques cerises pour décorer.
7. On lui a offert une jolie boîte avec des chocolats ... .
8. Avant les élections, des slogans ont été écrits ... .
9. Pour se déguiser en gitane, elle s'est mise une fleur ... .
10. Ta robe est transparente, tu devrais mettre quelque chose ... .

....

....

....

....

....

....

....

....

....

....

32 Encore des clichés

En + nom de pays − Au + nom de pays

On a souvent des idées toutes faites sur les pays étrangers.

Exemples :

Au Japon, on ne mange que du poisson cru.
En France, tous les hommes portent un béret.

✎ *Continuez...*

33 Vivre au village

à, au, à l', à la + N − chez + N

1. Il y a des endroits (lieux publics, commerces...) où les gens se rendent régulièrement.
L'église, l'école, la mairie, le supermarché, la boulangerie, le café-tabac, la gare, l'hôtel du *Lion d'Or,* la boucherie, *Chez Pierrot,* le stade, la piscine, la pharmacie, la poste, le cimetière.

Où vont-ils pour acheter de la viande, du lait, des journaux, des timbres, téléphoner, jouer au billard, se retrouver, être au courant de tout ce qui se passe, se marier, faire des réunions, faire un bon repas? *Faites des phrases.*

Exemple :
Pour acheter de la viande, ils vont au supermarché ou à la boucherie ▪.

2. *Et vous? Que vous habitiez dans un village ou dans une ville, où allez-vous si vous voulez :*

− acheter des journaux?
− faire des réunions?
− être au courant de tout ce qui se passe?
− retrouver quelqu'un?

▪ Quand il y a plusieurs endroits possibles, énumérez-les. Si une énumération comporte plus de deux éléments, il faut les juxtaposer et ne mettre *ou* qu'entre les deux derniers.
Exemple : Ils peuvent se retrouver à l'église, chez Pierrot **ou** au café-tabac.

34 « Ces villes, vous les connaissez? »

Pronom *y*

Complétez les phrases suivantes; employez les verbes donnés à la suite.

Exemple :

Deauville? Oui, **j'y vais souvent** parce que j'ai des amis qui ont une maison là-bas.

1. Lyon? Pas bien, ... , mais mes parents ont déménagé quelques années après ma naissance.
2. Venise? Un peu, mais j'aimerais bien ... , la dernière fois je n'ai presque rien vu.
3. Nice? Très bien. ... toutes mes vacances : j'aime beaucoup la Côte d'Azur !
4. Lille? Assez bien, ... quand j'étais jeune professeur.
5. Montpellier? Oui, oui. ... mes études, il n'y avait pas de faculté dans ma ville.
6. Francfort? Non, ... quelques heures. L'avion faisait escale.
7. Salamanque? Un peu, ... deux jours, en revenant du Portugal.
8. Nancy? Pas du tout. Mais j'aimerais ... , on dit que c'est une très jolie ville.

Aller, faire, habiter, naître, passer, rester, retourner.

....
....
....
....
....
....
....
....

35 « Imaginez un itinéraire »

Prépositions de lieu

Vous avez deux mois de vacances, un camping-car et des chèques de voyage en quantité suffisante... Où aimeriez-vous aller? Par où passeriez-vous? Dans quelles villes vous arrêteriez-vous?
Faites six à huit phrases dans lesquelles vous pourrez utiliser les verbes en gras qui figurent à la suite.

- **Aller** à Oslo, aux Canaries, au Pakistan, en Provence.
- **Passer** par Prague, par le Maroc, par la Bavière.
- **Traverser** la Suisse, le Nord de la France.
- **Visiter** Dublin.
- **Rester** quelques jours sur la côte Adriatique, à Salzbourg.
- **Aller** à la campagne, à la montagne, au bord de la mer.

....

EXPRIMER LA NÉGATION

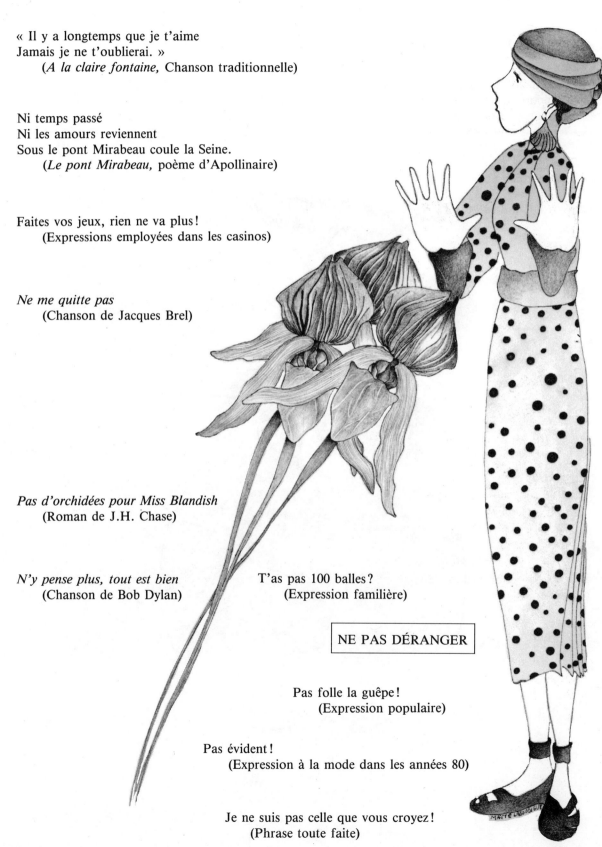

« Il y a longtemps que je t'aime
Jamais je ne t'oublierai. »
   (*A la claire fontaine,* Chanson traditionnelle)

Ni temps passé
Ni les amours reviennent
Sous le pont Mirabeau coule la Seine.
   (*Le pont Mirabeau,* poème d'Apollinaire)

Faites vos jeux, rien ne va plus !
   (Expressions employées dans les casinos)

Ne me quitte pas
   (Chanson de Jacques Brel)

Pas d'orchidées pour Miss Blandish
   (Roman de J.H. Chase)

N'y pense plus, tout est bien
   (Chanson de Bob Dylan)

T'as pas 100 balles ?
   (Expression familière)

NE PAS DÉRANGER

Pas folle la guêpe !
   (Expression populaire)

Pas évident !
   (Expression à la mode dans les années 80)

Je ne suis pas celle que vous croyez !
   (Phrase toute faite)

36 « Qu'en pensez-vous? »

C'est / Ce n'est pas + A

Faites des phrases dans lesquelles vous donnerez votre opinion sur :

1. Manger dans un *fast food.*
2. Voyager en roulotte.
3. Apprendre le français.
4. Avoir les cheveux très courts.
5. Aller chez une vieille tante.
6. Dormir sous la tente.
7. Circuler en patins à roulettes.
8. Faire du ski de fond.
9. Jouer aux échecs.
10. Faire de l'auto-stop.

Exemple :

Un repas dans un fast food, ⎰ c'est bon et ce n'est pas cher.
⎱ ce n'est pas cher mais ce n'est pas bon.

Vous pouvez utiliser les adjectifs suivants :

beau – bon – cher – confortable – dangereux – difficile – drôle – facile – gentil – intéressant – marrant – pratique.

....

....

....

....

....

....

....

....

....

37 « Non merci! »

Phrases négatives et affirmatives — L'expression du refus

Quand on refuse quelque chose, on répond rarement « Non merci » ou « Désolé(e) » tout court. On peut ajouter une explication, un détail.

Exemple :

— On sort ce soir?

— Désolé(e), $\left\{\begin{array}{l} \textbf{je ne peux pas.} \\ \textbf{je ne suis pas libre.} \\ \textbf{j'ai un rendez-vous.} \end{array}\right.$

Terminez les phrases suivantes ■.

1. — Une cigarette?

— Non merci, ...

2. — Un petit gâteau?

— Non merci, ...

3. — Un verre de whisky?

— Non merci, ...

4. — Un petit bouquet de violettes?

— Non merci, ...

5. Tu me raccompagnes?

— Désolé(e) . . . .

6. Tu peux me prêter 100 francs?

— Désolé(e) . . . .

7. Vous pouvez me traduire ce texte?

— Désolé(e) . . . .

8. — Et pour les 20 ans de ma sœur, tu viendras?

— Désolé(e) . . . .

■ Cet exercice peut être fait sous forme de mini-sketches préparés par groupe de deux.
Situation possible : invitation et refus par téléphone.

38   Il leur manque quelque chose (1)

> *Pas de (d') + N*

1. Faites une liste de choses que vous aimeriez avoir, mais que vous n'avez pas :
a. dans votre classe et dans votre établissement,
b. personnellement.
A partir de toutes ces listes, vous pourrez établir en commun une liste générale des besoins de la classe.

2. *Complétez les phrases à l'aide de la liste donnée à la suite.*

Exemple :

Il **n'a pas de pièces de 1 F,** il ne peut pas téléphoner.

1. Tu ne peux pas entrer dans ce club si tu ... .
2. Ils ne peuvent pas jouer au football, ils ... .
3. Je ... , je ne peux pas faire de sandwich.
4. Vous ne pouvez pas faire de ski si vous ... .
5. Je ne peux pas partir en voyage cette année, je ... .
6. Il ne peut pas faire cet enregistrement ce soir, il ... .
7. Vous ...? Moi, je n'ai qu'un billet de 100 F.
8. Il faut que tu raccompagnes Josette parce qu'elle ... .
9. Je ... , mais j'ai des cigares si vous voulez.
10. Comment je peux faire? La moquette n'est pas très propre et je ... .

argent – aspirateur – ballon – cassette – cigarette – cravate – lunettes noires – monnaie – pièces de 1 F – pain – voiture.

. . . .

. . . .

. . . .

. . . .

. . . .

. . . .

. . . .

. . . .

. . . .

39 Il leur manque quelque chose (2)

> Valeurs des déterminants (dans la phrase négative)

Pour chaque phrase de la colonne A, trouvez la ou les phrases de la colonne B qui pourrai(en)t en préciser le sens.

Exemple :

Il n'a pas d'agenda. ⟶ Il n'en a généralement pas besoin.
Il n'a pas son agenda. ⟶ Il l'a laissé au bureau.
⟶ Il trouve inutile d'en avoir un.
⟶ Il a changé de veste.

A	**B**
1. Elle n'a pas de maillot. Elle n'a pas son maillot.	Elle l'a oublié. Elle n'en a jamais acheté. Elle en a un, mais il est chez elle. Le sien est trop petit.
2. Je n'ai pas mon billet. Je n'ai pas de billet.	Je ne le retrouve pas. Je n'en ai pas pris. Il est tombé de ma poche. Je n'ai pas eu le temps d'en prendre un.
3. Elle n'a pas son livre de maths. Elle n'a pas de livre de maths.	Elle l'a prêté. Elle n'a pas encore ses livres de classe. Elle a oublié ses affaires chez elle. Elle l'a perdu.
4. Il n'a pas d'anorak. Il n'a pas son anorak.	Je vais lui en acheter un. Il pensait qu'il ferait chaud. Il habite dans un pays chaud. Il n'aime pas les vêtements de sport.
5. Je n'ai pas ma voiture. Je n'ai pas de voiture.	C'est trop cher pour moi. Elle est en panne. Je l'ai prêtée à ma sœur. Je préfère les transports en commun.
6. Je n'ai pas de montre. Je n'ai pas ma montre.	. . . .
7. Je n'ai pas de briquet. Je n'ai pas mon briquet.	. . . .

40 « Vous confondez tout! »

C'est / Ce n'est pas un, une, des, de l', du, de la, des + N

Il y a des choses entre lesquelles la confusion est possible.
Complétez les fragments de conversation suivants■.

Exemples :
— En quoi il est ce sac?
— **C'est du cuir,** mademoiselle, c'est un article de luxe.

— Il est en cuir ce sac?
— **Non, ce n'est pas du cuir,** mais c'est une très belle imitation.

1. — Oh! Un O.V.N.I.[1]!
   — Tu as lu trop de science-fiction, ... , c'est un avion!

2. — Avec la viande, il faut du bordeaux, je prends ça?
   — Mais non, tu n'y connais rien, ... , c'est du bourgogne.

3. — Il est en coton ton chemisier?
   — . . . . , je n'aime pas le synthétique.

4. — Ils sont beaux, ces pommiers en fleurs!
   — On voit bien que tu es né en ville . . . . , c'est des amandiers.

5. — Elle est en or ta bague? Tu as gagné à la loterie?
   — . . . . , je l'ai payée 50 francs!

6. — J'ai vu la collection Thyssen, il y avait un tableau de Manet, un coucher de soleil.
   — . . . . , c'est un Van Gogh, tu confonds tout!

7. — Qu'est-ce que c'est que cet instrument?
   — Voyons! . . . . trompette, c'est Louis Armstrong qui joue.

8. — Écoute! Ces gens, qu'est-ce qu'ils parlent comme langue? C'est de l'italien?
   — Non, je crois . . . .

9. — Il est bien ton manteau en lapin!
   — . . . . , c'est du renard, tu vois bien la différence!

_____

■ L'objectif de cet exercice est d'éviter, comme dans l'exercice précédent, de généraliser le **pas de** à toutes les phrases négatives.

1. O.V.N.I. : Objet volant non identifié.

41 « J'sais pas! »

Verbes usuels à la forme négative

Répondez à votre interlocuteur en employant une des formes suivantes :

je n'aime pas, je ne connais pas, je ne crois pas, je ne pense pas, je ne peux pas, je ne sais pas, je ne veux pas,

et complétez votre réponse en la justifiant∎.

Exemples :

— Tu viens dîner avec nous?

— **Je ne sais pas,** ⎰ **je ne suis pas très en forme.**
                    ⎱ **j'attends un coup de fil de ma fille.**

— **Je ne peux pas,** ⎰ **je ne suis pas libre.**
                    ⎱ **mon frère rentre de vacances ce soir.**

1. — Quelle heure il est?

   — ....

2. — Vous aimez la peinture abstraite?

   — ....

3. — Tu me prêtes ce livre?

   — ....

4. — La Place Furstenberg, s'il vous plaît?

   — ....

5. — Comment tu trouves cette nouvelle mode?

   — ....

6. — Finalement, il a trouvé du travail, Thierry?

   — ....

7. — Il se présente aux élections, Pierre Quiroule?

   — ....

∎ Les expressions proposées sont caractéristiques de la langue parlée. On peut donc choisir de supprimer le **ne**.

42 Il y a toujours un « mais » (1)

Place du pronom personnel complément dans la phrase négative (verbe au présent)
Pronoms directs : *le, la, les, l'* − Pronoms indirects : *lui, leur*

Complétez les phrases.

Exemple :

Je téléphone de temps en temps à ma mère, mais **je ne lui écris pas souvent** parce que je n'ai pas le temps.

1. Oui, je dis bonjour à mes voisins, mais je ... parce que je viens d'arriver dans l'immeuble.
2. Il adore ses petits-enfants, mais il ... parce qu'il trouve qu'ils sont trop jeunes.
3. Elle écrit régulièrement à ses amis de New York, mais elle ... parce que c'est trop cher.
4. Il sort souvent avec ses élèves, mais il ... parce que sa femme ne veut pas.
5. Je suis exigeante avec mes enfants, mais je ... quand ils font une bêtise.
6. J'ai entendu parler de lui, mais je ... parce que je n'ai jamais eu l'occasion de le rencontrer.
7. Elle s'occupe beaucoup de sa petite fille, mais elle ... à l'école parce que c'est tout près.
8. Ses parents lui écrivent, mais elle ... parce qu'elle est très négligente.

Vous pouvez choisir l'un des verbes suivants :

accompagner quelqu'un, connaître bien quelqu'un, connaître quelqu'un personnellement, donner de l'argent à quelqu'un, écrire à quelqu'un, inviter quelqu'un chez soi, répondre à quelqu'un, téléphoner à quelqu'un, punir quelqu'un.

. . . .

. . . .

. . . .

. . . .

. . . .

. . . .

. . . .

. . . .

43 Changements

Ne + V + *plus*

1. Des changements, petits ou grands, se produisent dans notre vie.
Complétez les phrases suivantes.

Exemple :

Depuis qu'il se passionne pour l'informatique,
{ il ne sort plus avec ses copains.
{ on ne le voit plus.
{ il ne fait plus rien en classe.

1. Une cigarette? Non, merci, je ... .
2. Depuis son accident de voiture, il ... .
3. Je ... , maintenant je préfère les films comiques.
4. Ma fille ... , elle a grandi; maintenant, elle préfère lire.
5. Depuis que je commence mon travail à 8 heures, je ... .
6. Mon grand-père ... , il a 84 ans.
7. Avec tout ce qu'on raconte dans les journaux, les gens ... .
8. Ils ont encore augmenté leurs prix chez Superprix, je ... .
9. Je suis tellement occupé en ce moment que je ... .

. . . .

. . . .

. . . .

. . . .

. . . .

. . . .

. . . .

. . . .

2. *Et vous? Avez-vous changé de goûts, d'habitudes, d'opinions...?*

44 « Ça ne se fait plus. »

> *Ne* + V + *plus*

Les jeux des enfants, l'école et les études, les relations parents-enfants, les tâches ménagères, la mode…
Dans ces domaines, beaucoup de choses ne se font plus, beaucoup d'habitudes ont disparu depuis l'époque
de vos grands-parents.
Faites des phrases.

Exemples :
On ne lave plus le linge à la main.
Les femmes ne portent plus de chapeaux.

45 Caricatures

> *Ne* + V + *jamais, pas, personne, rien*

Donnez, de manière caricaturale, quelques caractéristiques des personnages suivants :

— l'Avare
— l'Aventurier
— le Distrait
— le Paresseux
— le Pessimiste
— le Timide

Exemple :

Le Paresseux :
- **Il ne fait rien.**
- **Il n'aide personne.**
- **Il ne travaille jamais trop.**
- **Il n'a pas d'ambition.**
- **On ne peut pas compter sur lui.**

46 « Pas moi! »

Pas + Nom / Pronom / Expression de temps / Expression de lieu / Expression de manière

---

Complétez les mini-dialogues suivants.

Exemples :

— Je peux aller avec vous?
— Non, **pas toi,** tu restes avec ta petite sœur.

— Si on allait passer le week-end à Honfleur?
— Oh! **Pas en Normandie,** il pleut toujours.

1. — On prend un café?

   — . . . . , il y a trop de bruit!

2. — J'invite aussi les Choron?

   — . . . . ! Je ne peux pas les supporter.

3. — Vous viendrez tous?

   — . . . . , je suis de garde à l'hôpital.

4. — Je vais t'expliquer ce qui s'est passé...

   — Tu m'excuses, ... , je suis pressée.

5. — Alors, je prends des places de théâtre pour tout le monde?

   — . . . . , on n'est pas libres ce jour-là.

6. — Tu te réinscris à l'École du Louvre?

   — . . . . , je n'aurai pas le temps, avec mon travail!

7. — Ils étaient tous là mercredi?

   — . . . . , elle était malade.

8. — Je prends les assiettes?

   — . . . . ! Tu vas les faire tomber!

9. — On leur dit de rester dîner?

   — Oh écoute! . . . . je suis vraiment fatiguée.

10. — Maman, on s'installe ici pour jouer?

   — Non, ... , j'attends quelqu'un.

47 « Pas de problème! »

Sens de certaines phrases et expressions négatives

1. Voici des phrases et des expressions qui sont à la forme négative (colonne A), mais qui n'ont pas un sens restrictif. Elles expriment un sentiment, une attitude, une intention…
Reliez chacune d'elles à l'élément de la colonne B qui en explicite le sens.

A	**B**
Tu ne viens pas avec nous? •	
T'as pas un Kleenex? •	• accepter
Tu ne savais pas! •	• demander familièrement
N'oublie pas de fermer le gaz! •	• demander poliment
Vous n'auriez pas la monnaie? •	• insister
Pas de problème! •	• montrer son autorité
C'est pas grave! •	• tranquilliser quelqu'un, dédramatiser une situation
Pas d'histoires! •	• s'étonner
Pas possible! •	

2. *Inventez des mini-dialogues (de 2 à 4 répliques) dans lesquels vous emploierez ces expressions.*

Exemple :
    — Éteins la télé et va faire tes devoirs!
    — Oh! j'ai encore le temps…
    — Allez! **Pas d'histoires!**

---

48 Recommandations

Verbes à l'impératif et à la forme négative

Trouvez une ou plusieurs recommandations vraisemblables dans les situations qui vous sont proposées.

Exemple :
(Des parents à leurs enfants, avant de sortir le soir)
{   — **N'oubliez pas d'éteindre avant de vous coucher!**
{   — **Ne vous disputez pas!**

1. Un professeur à ses élèves avant un examen.
2. Des parents à leur fille qui sort un soir.
3. Un moniteur d'auto-école à une candidate avant l'examen du permis de conduire.
4. Un entraîneur aux joueurs de son club avant un match.
5. Un patron à sa secrétaire avant de s'absenter quelques jours.
6. Une patronne à un vendeur / à une serveuse.

7. Une dame qui laisse son chien en pension à une amie.
8. Un père qui prête sa voiture à son fils.

. . . .

. . . .

. . . .

. . . .

. . . .

. . . .

. . . .

. . . .

49   Il y a toujours un « mais » (2)

Place du pronom personnel dans la phrase négative (verbe au passé composé)

Complétez les phrases.

Exemple :

Je suis entré essayer ce pull, mais **je ne l'ai pas acheté,** il ne m'allait pas du tout.

1. J'avais pris les sandwichs, mais ... parce que je n'avais pas faim.
2. Il l'a appelée, mais elle ... parce qu'elle écoutait la radio.
3. Elle a cherché ses clés, mais ... parce que son frère les avait prises.
4. Il a lu ce livre, mais il ... parce qu'il est trop jeune.
5. Un homme lui a demandé son chemin, mais elle ... parce qu'il était bizarre.
6. On m'avait recommandé cet hôtel, mais je ... parce qu'il était trop cher.
7. Albert m'a conseillé d'aller voir ce film, mais ... parce que c'était trop violent.
8. La guerre de 39-45 était au programme, mais ... on n'a pas eu le temps.

. . . .

. . . .

. . . .

. . . .

. . . .

. . . .

. . . .

. . . .

50 « C'est pas gai! »

Expressions à la forme négative

« La vie, c'est pas gai! » est une manière de dire : « La vie, c'est triste! ». Très souvent, lorsque les Français donnent une appréciation sur quelqu'un ou sur quelque chose, ils n'emploient pas l'adjectif correspondant à la situation mais un adjectif contraire dans un contexte négatif■.
Apprenez à interpréter cette façon de parler en complétant les phrases suivantes.

Exemple :
En ouvrant une fenêtre, si **on trouve qu'il fait froid,**
on pourra dire : **« Il fait pas chaud! »**

1. En mangeant quelque chose, si . . . .
   on pourra dire : « C'est pas mauvais! »

2. En regardant une vitrine, si . . . .
   on pourra dire : « C'est pas donné! »

3. En écoutant une réflexion, si . . . .
   on pourra dire : « C'est pas bête! »

4. En parlant d'un ami, si . . . .
   on pourra dire : « Il est pas marrant! »

5. En parlant d'un film, si . . . .
   On pourra dire : « C'est pas génial! »

6. En faisant un exercice de grammaire, si . . . .
   on pourra dire : « C'est pas facile! »

■ Comme il s'agit de la langue parlée, on supprime souvent le *ne*.

EXPRIMER L'HABITUDE

Je me souviens du contentement que j'éprouvais quand, ayant à faire une version latine, je rencontrais dans le Gaffiot une phrase toute traduite.
Je me souviens quand on revenait de vacances, le 1er septembre, et qu'il y avait encore un mois entier sans école.
Je me souviens du bain que je prenais le samedi après-midi en revenant du collège.
   (*Je me souviens,* Georges Pérec)

Elle était pâle et pourtant rose,
Petite, avec de grands cheveux,
Elle disait souvent « je n'ose »
Et ne disait jamais « je veux ».
   (Victor Hugo, *Les Contemplations*)

La fièvre du samedi soir
   (Film américain)

Jamais le dimanche
   (Film de Jules Dassin)

FERMÉ LE MARDI

« Le jour du Quatorze Juillet
Je reste dans mon lit douillet. »
   (*La Mauvaise réputation,* chanson de Georges Brassens)

51 Les petits plaisirs

> Expressions lexicales de temps et adverbes : *de temps en temps, jamais, rarement, souvent, tous les (lundis)...*

Répondez oui *ou* non *aux questions suivantes et complétez votre réponse.*

Exemples :

Vous aimez le cinéma ?
{ **Oui, j'y vais tous les samedis.**
{ **Non, je n'y vais jamais.**

Vous aimez le whisky ?
{ **Oui, mais j'en prends rarement parce que c'est cher.**
{ **Non, je ne prends jamais d'alcool.**

1. Vous aimez les discothèques ?
2. Vous aimez les vidéo-clips ?
3. Vous aimez le Coca-cola ?
4. Vous aimez les romans de science-fiction ?
5. Vous aimez les chocolats ?

6. Vous aimez le tennis ?
7. Vous aimez l'eau de Cologne ?
8. Vous aimez l'opéra ?
9. Vous aimez les jeux de société ?
10. Vous aimez la gymnastique ?

Vous pouvez vous servir des verbes suivants :

acheter, aller, boire, faire, jouer, lire, manger, mettre, prendre, regarder.

. . . .

. . . .

. . . .

. . . .

. . . .

52 « Je me souviens... »

> L'imparfait d'habitude

1. « Quand j'étais enfant, ma mère m'accompagnait tous les jours à l'école. Nous allions nous promener le dimanche. »
A votre tour, évoquez des habitudes personnelles ou familiales. Faites des phrases que vous commencerez par :

« Quand j'étais enfant... », ou « Quand j'étais petit(e)... »

Suggestions :

Les jeux – L'école – Les vacances – Les traditions dans votre famille – Les plaisirs et déplaisirs de l'enfance.

2. *Évoquez un être disparu.*

Exemple :

J'avais un chien, il m'aimait beaucoup. Quand je rentrais le soir, il m'attendait toujours... ■

■ Dans les phrases proposées en exemple, il y a en fait **deux valeurs de l'imparfait :**
  – l'imparfait d'habitude (« ma mère m'accompagnait ..., quand je rentrais ...)
  – et l'imparfait à valeur de présent dans le passé (« Quand j'étais enfant ..., j'avais un chien ... »).

53 Routine

1. *Donnez l'emploi du temps du fantôme.*

2. *Donnez votre emploi du temps.*

Exemple :

Le soir,
Tous les soirs, $\}$ **il se réveille à 11 heures.**

54 Les dates qui reviennent

> **La date**

1. *Recherchez sur un calendrier français les dates qui correspondent aux fêtes suivantes :*

— L'armistice de 1918.   — L'Assomption.   — Le Jour de l'An.   — La Toussaint.
— L'armistice de 1945.   — La Fête Nationale.   — Noël

2. *Si vous connaissez les traditions correspondant à ces fêtes, dites-les.*

> **Exemples :**
>
> En France, le 1ᵉʳ janvier, **on se souhaite la bonne année.**
> En France, le 8 mai, **il y a des défilés militaires.**

3. *Quelles sont les dates des fêtes particulières à votre pays ? Y a-t-il des traditions ce jour-là ? Lesquelles ?*

> **Exemple :**
>
> En France, à Noël, **on se fait des cadeaux.**

55 Quelques habitudes des Français

> **Le présent de l'indicatif aux 1ʳᵉ et 3ᵉ personnes du pluriel**

1. Voici quelques habitudes des Français.
Découvrez-les en complétant les phrases suivantes.

> **Exemples :**
>
> Les Français et la nourriture :
> — Ils **aiment** beaucoup le fromage.
> — Ils **font** la cuisine au beurre.

Vous pouvez utiliser les verbes suivants :
acheter, adorer, aimer, boire, danser, défiler, (se) donner, (se) faire (la cuisine), jouer, lire, manger, prendre, regarder.

1. — Les Français et la boisson :

   — Ils . . . . du vin pendant les repas.

   — Ils . . . . l'apéritif le dimanche.

2. — Les Français et l'information :

   — Ils . . . . le journal.

   — Ils . . . . beaucoup la télévision.

3. — Les Français et le sport :

   — Ils . . . . le football.

   — Ils . . . . de la bicyclette.

— Les Français et le jeu :

— Ils . . . . aux cartes avec les amis.

— Ils . . . . au tiercé et au loto pour devenir millionnaires.

— Les Français et les loisirs :

— Ils . . . . leurs vacances au mois d'août.

— Ils . . . . jeux télévisés.

— Les Français et la chance :

— Ils . . . . leur horoscope.

— Ils . . . . du muguet le 1er mai[1].

— Les Français et les fêtes :

— Ils . . . . le jour du 14 juillet.

— Ils . . . . des cadeaux le jour de Noël.

✎ 2. *Donnez quelques habitudes de votre pays. Vous commencerez les phrases par :*

En Angleterre,
En Égypte,   } nous ... ∎
Au Portugal
...

---

1. On dit que cette fleur porte bonheur.
∎ A l'oral on peut employer la forme : « Chez nous, on... . »

EXPRIMER LE TEMPS

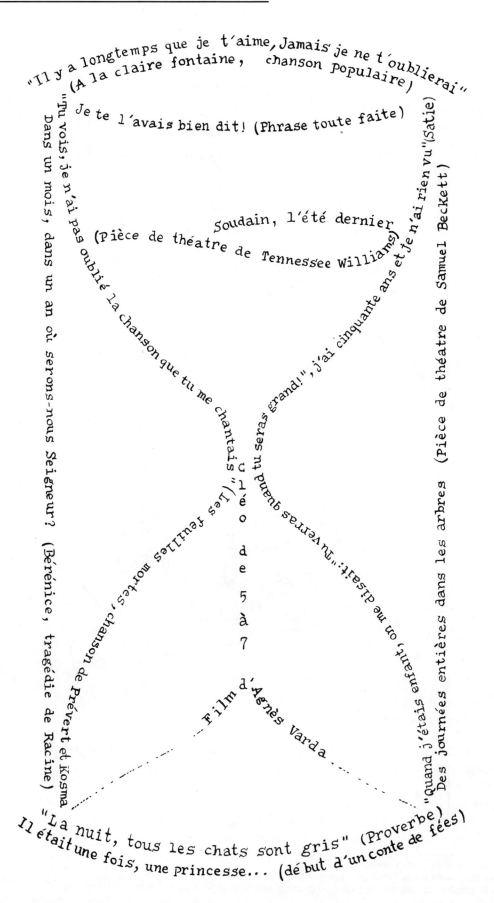

"Il y a longtemps que je t'aime, Jamais je ne t'oublierai" (A la claire fontaine, chanson populaire)

"Je te l'avais bien dit! (Phrase toute faite)

"Tu vois, je n'ai pas oublié la chanson que tu me chantais" ("Les feuilles mortes, chanson de Prévert et Kosma)

Dans un mois, dans un an où serons-nous Seigneur? (Bérénice, tragédie de Racine)

Soudain, l'été dernier (Pièce de théâtre de Tennessee Williams)

"j'ai cinquante ans et je n'ai rien vu"(Satie)

"quand j'étais enfant, on me disait:"Tu verras quand tu seras grand!"

Des journées entières dans les arbres (Pièce de théâtre de Samuel Beckett)

Cléo de 5 à 7

Film d'Agnès Varda

"La nuit, tous les chats sont gris" (Proverbe)

Il était une fois, une princesse... (début d'un conte de fées)

56 « Quel jour on est ? »

La date

Voici 6 dates :

- 13/03/1987 (vendredi)
- 29/02/1984 (mercredi)

- 10/12/1986 (mercredi)
- 20/06/1987 (samedi)

- 01/05/1986 (jeudi)
- 05/10/1987 (lundi)

1. *Écrivez-les telles qu'elles peuvent figurer :*
- dans la correspondance commerciale (d'une entreprise de Lyon, par exemple);
- sur le cahier d'un écolier.

>   **Exemple :**
>   - **Lyon, le 13 janvier 19.. .**
>   - **Vendredi, 13 janvier 19.. .**

2. *Y a-t-il une date qui est importante pour vous, ou que vous aimez particulièrement ? Laquelle ? Pourquoi ?*

57 « Quelle heure est-il ? »

L'heure

Vous entendez à l'horloge parlante : « treize heures quarante » (13 h 40), par exemple. Mais, dans la vie courante, on préfère dire : « il est deux heures moins vingt ».

Sur ce modèle, transcrivez les heures ci-dessous.

- 11 h 30 : . . . .
- 0 h 15 : . . . .
- 16 h 45 : . . . .
- 19 h 10 : . . . .
- 12 h 05 : . . . .
- 15 h 35 : . . . .

58 « Quel est votre programme ? »

Expression de l'heure avec préposition

Vous devez organiser une visite de votre ville ou de votre village pour un groupe de touristes français ■
Établissez l'horaire de la journée. Pensez à prévoir :
Les heures de repas, les visites, des moments libres, etc.

■ On pourra préparer cet exercice en groupes. Chaque groupe présentera son programme à la classe.

59 Quelques dates à noter

| La date + valeur temporelle des prépositions *en* et *dans* |

1. *Cherchez des dates historiques.*

a. Constituez deux équipes. L'une propose une date, et l'autre équipe doit trouver l'événement.

Exemple :

Qu'est-ce qui s'est passé le 6 août 1944 ?
- **Hiroshima.**
- **Bombardement d'Hiroshima.**
- **Les Américains ont bombardé Hiroshima.**

b. On peut trouver une date à partir d'un événement :

Exemple :

Le bombardement d'Hiroshima ?
- **En 1944.**
- **En août 1944.**
- **Le 6 août 1944.**

2. *Complétez le tableau suivant et rédigez les phrases correspondantes.*

Événement	Date	Phrase
La prochaine élection présidentielle en France	1988	**La prochaine élection présidentielle en France aura lieu :** • **en 1988.** • **dans 1 an ■.**
Votre anniversaire	le 19 octobre	**Mon anniversaire, c'est :** • **le 19 octobre.** • **dans 6 mois ■.**
La date de vos prochaines vacances		
Le prochain cours de français		
Les prochains Jeux olympiques		
La prochaine Coupe du Monde de football		

■ Cet exercice a été rédigé en avril 1987.

58

60 Tout change...

L'imparfait

Exercices oraux

1. Imaginez comment était une personne de la classe quand elle avait 5 ou 6 ans : attitudes, goûts, activités préférées... *L'intéressé(e) dira si c'est vrai, sinon, il / elle dira ce qu'il en était.*

2. La société a beaucoup changé ces dernières années.
Évoquez des aspects qui ont disparu.

Exemples :

Quand j'étais petit(e), on pouvait jouer tranquillement dans la rue.

Quand j'étais étudiant(e), on acceptait l'autorité des professeurs.

61 Les grandes découvertes

L'opposition imparfait / présent

Les grandes découvertes et les progrès techniques ont modifié notre existence.
Faites des phrases où vous évoquerez au choix :

— La pénicilline.
— Les appareils électroménagers.
— L'informatique.
— La reprographie.

— L'aéronautique.
— La radio.
— Les satellites.
— ... .

Exemple :
Autrefois, il fallait 15 jours pour aller du Havre à New York, aujourd'hui 5 heures suffisent avec le Concorde.

62   Métamorphoses

> Verbe *être* au présent, au passé composé, au futur

Lisez :

> Hier, j'étais un arbre.
> Aujourd'hui, je suis une feuille de papier.
> Demain, je serai un livre.
>
> Hier, j'étais un mouton.
> Aujourd'hui, je suis une pelote de laine.
> Demain, je serai un pull.

✎ *Sur ce modèle, évoquez une transformation (d'objet ou de personne).*

63   « Quand avez-vous commencé? »

> Expressions de temps (avec verbes au passé)

1. *Répondez aux questions suivantes; mettez une croix si la réponse est positive.*

Savez-vous :

– nager? ☐	– conduire? ☐
– faire du vélo? ☐	– coudre? ☐
– monter à cheval? ☐	– taper à la machine? ☐
– patiner? ☐	– programmer sur ordinateur? ☐
– jouer aux échecs? ☐	– jouer aux cartes? ☐

60

2. *Puis dites quand vous avez appris à réaliser ces activités (ou quand vous avez commencé à les faire)*■.

Exemples :

J'ai appris à jouer aux échecs $\begin{cases} \textbf{il y a longtemps.} \\ \textbf{quand j'étais adolescent.} \end{cases}$

J'ai appris à conduire $\begin{cases} \textbf{l'année dernière.} \\ \textbf{il y a 6 mois.} \end{cases}$

64   Consolation

Le futur

Laquelle de ces phrases dites-vous pour consoler quelqu'un ?
Reliez les phrases proposées en colonne A aux situations proposées en colonne B.

A	B
« Ne t'inquiète pas, ça s'arrangera ! » •	• A un ami qui est dans une situation familiale difficile.
« C'est promis, on ira. » •	• A quelqu'un qui a perdu un papier important.
« A la longue, ils finiront par comprendre... » •	• A quelqu'un qui a perdu un animal familier.
« Peut-être qu'il reviendra... » •	• A un enfant confié à une voisine.
« Tu verras, tu l'oublieras. » •	• A un enfant qui veut accompagner son père au stade.
« Ne t'en fais pas, il ne le saura pas. » •	• A quelqu'un qui se sent mal compris par ses parents.
« Ne t'en fais pas, je suis sûr(e) que tu le retrouveras. » •	• A un employé qui a fait une erreur de comptabilité.
« Pleure pas, elle va revenir, maman. » •	• A quelqu'un qui a une déception sentimentale.

■ Ces phrases peuvent également être mises au présent.
 Exemple : Il y a un an que j'ai appris à conduire. → Je sais conduire depuis un an.

65 Prévisions pour rire

> Le futur

Imaginez quelques prévisions (absurdes, inattendues...) pour l'année à venir.

Sujets possibles :
- Le temps qu'il fera.
- La vie politique dans votre pays.
- La vie politique internationale.
- Les célébrités (de la mode, du spectacle...)

Exemples :

L'année prochaine, la Princesse Stéphanie entrera au couvent.

Les impôts seront supprimés à partir du 1er janvier prochain.

66 « Ils ont de l'expérience! »

> *Il y a... que...*

Terminez les phrases suivantes.

Exemple :

Oui, tu as un train à 8 heures,
je connais bien les horaires,

{ – il y a 5 ans que je fais ce trajet.
– ça fait 5 ans que je fais ce trajet ▪.

1. Va à la boucherie Sanzot de ma part, ils te serviront bien, ...

. . . .

2. Tu peux être tranquille, Pierre connaît bien les champignons, ...

. . . .

▪ « Ça fait » appartient à la langue orale.

3. Si tu as des problèmes avec la direction, va voir Durand, ...

. . . .

4. Avec Bruno, il n'y a aucun risque qu'ils se perdent dans la montagne, ...

. . . .

5. Si tu veux des renseignements pour ton voyage au Maroc, téléphone à Sandrine, ...

. . . .

6. Voilà l'adresse de mon garagiste, j'ai entièrement confiance en lui, ...

. . . .

7. Arrête de me donner des conseils ! tu ne vas pas m'apprendre à conduire, ...

. . . .

8. Tu peux t'adresser à lui pour cette traduction, il est très compétent, ...

. . . .

---

67 Sur la piste de l'artiste

Les temps du récit

Dimanche 13 février, Gérard Lambert a été retrouvé assassiné sur une aire de repos de l'autoroute du Nord. Le commissaire Laurent, chargé de l'enquête, dispose d'une source d'information : l'agenda de la victime.

1. Lisez la page d'agenda en page suivante. Par petits groupes, faites des hypothèses sur la profession de Gérard Lambert, ses relations, les lieux cités...
Essayez de reconstituer l'emploi du temps de la victime, sachant qu'elle a été assassinée entre 20 heures et 22 heures le samedi■.

■ Activités possibles :
  – Chaque groupe propose à la classe sa version du récit.
  – Chacun d'entre vous écrit le récit qu'il préfère.
  – Sketches possibles (par groupes de 2) : les interrogatoires du commissaire Laurent.

Exemples :

Le lundi, il a travaillé de 8 h à midi dans son atelier.
Il a passé les matinées du lundi et du mardi dans son atelier.

2. *Aidez le commissaire Laurent et essayez de deviner ce qui est arrivé à Gérard Lambert.*

68 Quelques faits divers

> Le plus-que-parfait, temps de l'antériorité

Voici une série d'événements, tirés de faits divers.
Imaginez ce qui s'est passé précédemment afin d'expliquer ou de préciser l'événement raconté.

Exemple :

En 1983, on a retrouvé par hasard dans un garage un tableau de Claude Monet :

{ **— il avait été volé 3 ans auparavant.**
{ **— le musée de Giverny avait signalé le vol en 1980.**

1. Le conducteur a dû payer une amende de 2 000 F : ... un « stop ».
2. Ils ont retrouvé leur chien mort dans la voiture : ... les vitres fermées.
3. Les pompiers ont ranimé la jeune fille qui ... se suicider.
4. L'actrice a eu une crise de nerfs : ... un télégramme avant la représentation.
5. Les invités ont tous été malades après le repas : ... .
6. Les malfaiteurs ont été condamnés à 10 ans de prison : ... .
7. Le boeing a explosé en plein vol; on suppose que l'aéroport ... .
8. Une jeune femme a essayé de passer à la douane un bijou précolombien; quelques jours avant, ...
9. Le cyclone Albert a détruit quelques immeubles. La population était informée : ... .
10. L'accident s'est produit juste avant l'arrivée; le chauffeur était probablement fatigué, il ... .

. . . .
. . . .
. . . .
. . . .
. . . .
. . . .
. . . .
. . . .
. . . .
. . . .

69 « Qu'est-ce qui s'est passé? »

Le passé composé, temps du récit de l'événement

Un événement inattendu s'est produit.
Imaginez lequel et terminez les phrases.

Exemple :

On était en pleine mer, il faisait beau. Tout à coup, { **un gros nuage noir est arrivé.**
{ **il a commencé à pleuvoir.**

1. Je me sentais bien, seul dans cette grande maison; mais tout à coup ... .
2. Ils contemplaient le ciel étoilé, et soudain ... .
3. Elle était à la banque pour retirer de l'argent, tout à coup ... .
4. Je me promenais tranquillement dans la forêt; soudain ... .
5. A la fin de la soirée, tout le monde était très gai, riait, chantait; c'est à ce moment-là que ... .
6. J'étais tranquillement en train de prendre ma douche quand ... .

. . . .
. . . .
. . . .
. . . .
. . . .

70 Contretemps

Complétez les phrases à l'aide de l'expression qui convient et que vous choisirez parmi celles qui sont proposées entre parenthèses.

Exemple :

Il aime aller à la campagne pour se reposer, mais **cet été,** il doit aider sa fille à s'installer dans sa nouvelle maison. *(l'été, cet été)*

1. Habituellement, ... , j'arrive à l'heure au bureau, mais . . . . j'ai raté l'autobus. *(ce matin, le matin, la matinée)*

2. . . . . , j'avais un travail urgent à terminer, mais j'ai dû accompagner ma voisine à l'hôpital. *(hier soir, ce soir)*

3. Je dors généralement très bien, mais . . . . les voisins d'à côté ont mis de la musique. *(la nuit, cette nuit)*

4. Je voulais passer . . . . à la piscine, mais il n'a pas arrêté de pleuvoir. *(le matin, la matinée)*

5. Je regarde toujours le feuilleton de 5 heures à la télé, mais . . . . ma cousine est venue me voir. *(cet après-midi, l'après-midi, ce soir)*

6. Il adore faire du ski, mais . . . . pas de chance ! Il s'est cassé une jambe le premier jour, et il a passé ses vacances à l'hôtel. *(cet hiver, l'hiver)*

7. . . . . chacun fait ce qu'il veut à la maison, mais hier on était tous debout à 8 heures pour repeindre l'appartement. *(dimanche, le dimanche matin, le dimanche)*

8. Tous ses copains sont partis se promener, mais lui, il est resté . . . . à travailler pour ses examens. *(toute la journée, le jour)*

71 Récit d'une vie

Lisez le texte suivant :

La vie de Che Guevara

Che Guevara est né en 1928. Il est resté en Argentine jusqu'en 1956, époque où il est parti pour Cuba rejoindre Fidel Castro. De 1956 à 1959, il a lutté avec lui contre le dictateur Batista. Après la victoire de Fidel Castro, il a été nommé ministre de l'Industrie. Il a occupé cette fonction pendant 4 ans. En 1965, il a quitté Cuba pour organiser la lutte révolutionnaire en Amérique Latine. Deux ans après, il a été tué en Bolivie.

Il reste, depuis sa mort, le symbole de la lutte des peuples opprimés.

Relevez, dans ce texte, les prépositions de temps, et réutilisez-les pour raconter la vie de John Lennon (voir encadré ci-après), ou de tout autre personnage de votre choix■.

■ Vous pouvez ajouter à ces récits des compléments d'information.
Exemples : *parce qu'il n'était plus d'accord avec les dirigeants cubains; il a quitté l'Argentine où il avait étudié la médecine...*

- 1940 : naissance de John Lennon.
- Mauvais résultats scolaires.
- Expulsion du collège.
- Intérêt pour le dessin et la guitare.
- 1956 : formation du premier groupe musical : « The Quarrymen ».
- 15 juillet 1956 : rencontre avec Paul Mc Cartney, quelque temps plus tard avec John Harrison.
- Création des « Silver Beatles ».
- Voyage à Hambourg : rencontre avec Ringo Starr.
- Juin 1962 : premier disque des Beatles : *Love me do.*
- Mariage avec Cynthia Powell, naissance d'un fils, Julian.
- Rencontre avec Yoko.
- Mariage.
- 1970 : séparation des Beatles.
- 1975 : naissance d'un fils, Sean.
- Disque : *Double fantasy.*
- 8 décembre 1980 : mort de John Lennon, assassiné par Mark David Chapman.

72 Souvenirs d'enfance

L'imparfait et le passé composé dans la phrase

1. *Complétez les phrases.*

1. Mon premier souvenir, c'est quand ma petite sœur ... . Moi, ... seulement 3 ans. Je me rappelle la clinique où je ... avec mon père.
2. J'aimais beaucoup mon grand-père : il ... avec moi, ... tout ce que je voulais. J'ai beaucoup pleuré quand ... .
3. J'étais une enfant difficile : un jour, ... le vélo de mon frère, et ... ; j'ai encore la cicatrice.
4. Quand ... mes études au lycée, j'étais très jeune. Je revois encore le bâtiment : je me suis sentie perdue quand ... . C'était si triste !
5. A 12 ans, je suis allée en colonie de vacances. Je me souviens d'une monitrice qui ... . C'est là aussi que ... , qui est devenue ma meilleure amie.
6. Pour mes 15 ans, ... tous mes copains à ma première « boum ». ... l'été.

. . . .

. . . .

. . . .

. . . .

. . . .

. . . .

. . . .

2. *A votre tour, évoquez des souvenirs d'enfance en complétant les phrases suivantes :*

- Mon premier souvenir, c'est quand ... .
- J'aimais beaucoup ... .
- J'étais un / une enfant ... : un jour, ...
- A ... ans, ...
- Pour mes ... ans, ...

73 « Testez vos connaissances en civilisation française »

La préposition *depuis*

Pour faire le test suivant, complétez les phrases en choisissant parmi les dates proposées à la suite.

1. La peine de mort n'existe plus en France ....

2. L'humanité compte un septième art ....

3. L'Université française a beaucoup changé ....

4. Tous les citoyens sont égaux devant la loi ....

5. La géométrie est entrée dans la peinture moderne ....

6. Paris est symbolisé par la tour Eiffel ....

7. Les relations entre la France et l'Algérie se sont améliorées ....

8. Les Français ont droit à des vacances payées ....

9. Le quartier des Halles attire de nombreux touristes ....

10. Il n'y a plus de grands écrivains engagés en France ....

11. Les usines Renault existent ....

12. Les femmes ont le droit de vote ....

13. En France, l'école publique est gratuite, laïque, obligatoire ....

14. La France fait partie de la C.E.E. (Communauté Économique Européenne) ....

15. Strasbourg est devenue une ville cosmopolite ....

16. Il existe un diplôme pour l'enseignement des langues régionales dans les lycées ....

17. Les jeunes Français sont majeurs à 18 ans ....

18. La France est une puissance nucléaire ....

19. Paris est à deux heures de Lyon ....

20. Il n'y a plus en France de grande chanteuse populaire ....

A. depuis 1899 — B. depuis la création du Conseil de l'Europe (1949) — C. depuis l'Exposition universelle de 1889 — D. depuis 1936 (date du Front populaire) — E. depuis Cézanne — F. depuis 1981 (élection de François Mitterrand) — G. depuis la création de cet organisme (1957) — H. depuis 1947 — I. depuis le gouvernement du général de Gaulle — J. depuis l'invention des Frères Lumière (1895) — K. depuis 1976 — L. depuis Édith Piaf — M. depuis 1985 — N. depuis la mise en service du TGV (1981) — O. depuis Mai 68 (révolte des étudiants et grève générale) — P. depuis l'époque de J.-P. Sartre — Q. depuis la Révolution de 1789 — R. depuis la construction du Centre Pompidou (1977) — S. depuis la fin de la guerre entre les deux pays (1962) — T. depuis 1881 (pendant la IIIᵉ République).

DIRE DE FAIRE

Touche pas à mon pote
(Slogan antiraciste, 1985)

« Et je dirai aux gens
Refusez d'obéir, refusez de la faire
N'allez pas à la guerre
Refusez de partir. »
(*Le déserteur,* chanson de Boris Vian)

« Je voudrais tant que tu te souviennes
Des jours heureux... »
(*Les feuilles mortes,* Jacques Prévert)

Il faut qu'une porte soit ouverte ou fermée.
(Proverbe d'Alfred de Musset)

« S'il vous plaît,

« Va, cours, vole et nous venge... »
(*Horace,* tragédie de Corneille)

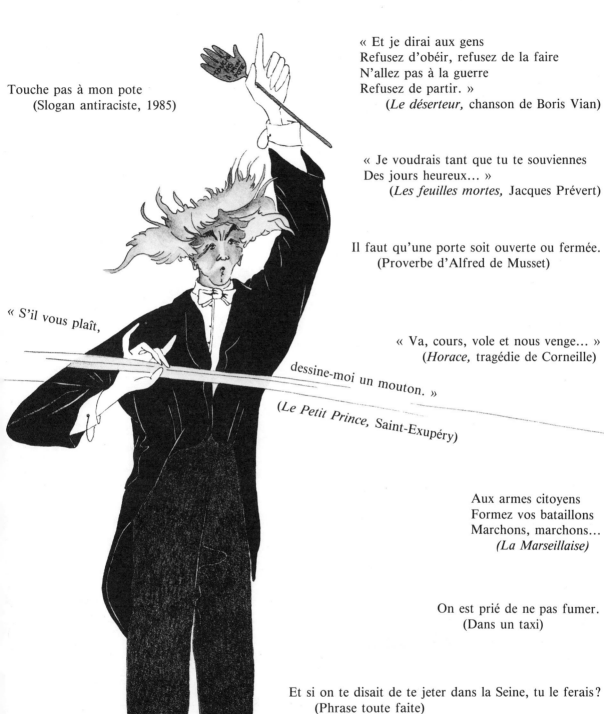

dessine-moi un mouton. »
(*Le Petit Prince,* Saint-Exupéry)

Aux armes citoyens
Formez vos bataillons
Marchons, marchons...
(La Marseillaise)

On est prié de ne pas fumer.
(Dans un taxi)

Et si on te disait de te jeter dans la Seine, tu le ferais ?
(Phrase toute faite)

« Il faut que la France ce jour-là soit présente à la victoire. »
(Le général de Gaulle, affiche de juin 1940)

74 Pour être en forme

Impératif : 2ᵉ personne du pluriel

1. Exercice oral.

Inventez les consignes qui peuvent être données à la radio au cours d'une séance de gymnastique matinale.
(Vous pouvez mimer l'exercice que vous proposez à vos camarades).
Faites un relevé des exercices les plus courants sous forme de fiche.

2. Actuellement, on donne beaucoup de recettes pour être en forme dès le matin.
Donnez-en quelques-unes qui vous semblent efficaces.

> **Exemple :**
> **Respirez à fond, la fenêtre ouverte.**

Vous trouverez quelques suggestions dans la liste ci-dessous :

Un jus d'orange, huit heures par nuit, de bonne heure, un petit déjeuner copieux, dix minutes tous les matins, un bon café, à pied si possible, la fenêtre ouverte.

. . . .

75 A faire, absolument

Il faut que je + subjonctif

1. Une semaine avant de partir en vacances, Claire fait une liste de tout ce qu'elle a à faire■ :

Inviter Éric, écrire maman, dentiste, coiffeur, répondre Judith, passer banque, exposition Braque, garage, rendre traduction, téléphoner agence voyages, acheter chaussures sport.

■ La liste est rédigée de façon elliptique.
  Exemple : écrire maman = écrire **à** maman.

A partir des éléments de cette liste, faites parler Claire et complétez les phrases.

Exemple :

Il faut que j'aille voir l'exposition Braque, ça sera fini quand je reviendrai.

...., lui, il part pour un an.

...., elle n'a pas mon itinéraire.

...., j'ai une dent qui me fait un peu mal.

...., mes cheveux sont vraiment trop longs.

...., il y a trois semaines qu'elle m'a écrit.

.... pour chercher des devises.

...., ça sera fini quand je reviendrai.

.... pour faire vérifier les freins.

...., je voudrais être payée avant de partir.

...., je n'ai pas encore reçu mon visa.

...., les miennes sont vraiment usées !

2. *Dites comment vous imaginez Claire.*

Exemple :

Elle a entre trente et quarante ans...

76 « Ils exagèrent! »

Demander de + infinitif

Contrairement à ce qu'ils affirment, les personnages des situations suivantes demandent beaucoup à leur entourage.
Complétez les phrases.

Exemple :

J'exige un minimum de mes enfants, je leur demande simplement **de faire un peu de ménage, de mettre la table, d'aller faire les courses...**

1. Je laisse ma fille partir en voyage, je lui demande seulement ... .
2. Mon neveu s'est occupé de la maison pendant le week-end et je lui ai donné 100 F, je lui ai seulement demandé de ... .
3. Je prête ma voiture à mes amis, mais je leur demande en échange de ... .
4. Pendant les vacances, j'emploie une jeune fille au pair. Elle peut être contente, je lui demande simplement de ... .
5. Mes employés sont très bien payés, mais je leur demande de ... .
6. Vraiment, je suis un mari modèle, je demande seulement à ma femme de ... .

77 « De la part de qui? »

Il faut que tu / vous + subjonctif

Voici une liste de messages dits au téléphone.
Transformez-les en messages écrits.

Exemple :

Message de Jean-Louis Renaud :
« Dites à votre patronne d'aller chercher M. Dupont
à la gare du Nord, ce soir, à neuf heures. »
**Madame, Jean-Louis Renaud a téléphoné :
il faut que vous alliez chercher M. Dupont
à la gare du Nord, ce soir, à neuf heures.**

1. Message de M. Verdurin :
   « Vous pouvez dire à M. Charlebis de me rappeler sans faute? Merci, mademoiselle. »
2. Message de Mme Leclerc :
   « Duculot n'est pas là? Vous pourriez lui demander qu'il me rende d'urgence le rapport Tourax? »
3. Message de Mme Duval :
   « Mademoiselle, j'aimerais bien que le docteur passe chez moi ce soir, ma fille Corinne n'est pas bien. »
4. Message d'une grand-mère :
   « Delphine, dis à tes parents de prendre rendez-vous chez le notaire avant le 13. »
5. Message de Luc :
   « Dis à Michèle d'aller réserver les places, moi je ne peux pas. »

78 Ordres ou conseils?

Valeur de l'impératif − *Devoir* + infinitif − *Pouvoir* + infinitif −
Il faut que + subjonctif − *Pourquoi... ne... pas...?*

1. Voici deux séries de phrases A et B. Dans les phrases B, on demande ou on conseille à quelqu'un de faire quelque chose et, dans les phrases A, on précise la situation.
Reliez les phrases A et B ▪.

Exemples :

Je suis ta mère, •⟶ • il faut que tu en parles à ta mère.
J'ai une idée, mademoiselle, •⟶ • à moi, tu dois me le dire.
A mon avis, •⟶ • tu devrais en parler à ta mère.
Moi, je suis d'accord, mais avant •⟶ • pourquoi n'en parleriez-vous pas à votre mère?

A

1. Tu as encore grossi! •

Vous avez le foie fragile, •

Pour rester mince, •

2. On part dans huit jours, •

La maison est très isolée, •

Si vous voulez partir tranquille, •

3. J'ai vu un appareil allemand, il est très cher... •

Je ne sais pas quel appareil choisir... •

Tes photos ne sont pas bonnes •

B

• suivez le régime bio-énergétique du docteur Phil!

• tu devrais suivre un régime!

• il faut que vous suiviez un régime.

• faites installer une porte ANTIL.

• vous pourriez faire mettre une porte blindée.

• il faut absolument que tu fasses mettre une porte blindée.

• achète-toi donc un appareil japonais!

• pourquoi tu ne t'achètes pas un appareil auto-focus?

• Vous pourriez prendre ce modèle...

2. *Imaginez la situation où ces phrases ont pu être dites* (personnages et leur relation, éventuellement les lieux).

Exemples :
 − A mon avis, tu devrais en parler à ta mère. **(2 amis)**
 − Moi, je suis d'accord, mais avant il faut que tu en parles à ta mère. **(un père à son enfant, à la maison, dans le bureau du père...)**

3. Toutes les phrases de la série B expriment des ordres, des demandes, des conseils (conseils publicitaires), des suggestions, suivant les cas.
Relevez-en quelques-uns et classez-les par degré d'insistance (de l'ordre à la suggestion).

Exemple :
Ordre : **Vous devez signer.**
Demande : **Il faut absolument que tu mettes une porte blindée.**
Conseil : **Tu devrais suivre un régime.**
Conseil publicitaire : **Si vous voulez être en forme...**
Suggestion : **Pourquoi vous n'en parleriez pas à votre mère?**

▪ Quelquefois, il y a plus d'une possibilité.

79 « Soyons subjectifs! »

Verbes de sentiment + subjonctif présent dans la subordonnée

Complétez les phrases.

Exemple :

(Pendant le dîner)
   — Ce soir, je sors avec Jean.
   — Je préférerais que **tu restes à la maison,** tu es déjà sortie hier.

1. (Devant un grand magasin)
   — Tu as écrit au Père Noël?

   — Oui, je voudrais bien qu'il . . . . comme celui de papa.

2. (A la maternité)
   — Ah! Vous allez être papa! Ça sera un garçon ou une fille?

   — J'aimerais que ça . . . . , on a déjà deux garçons.

3. (Pendant un repas de famille)
   — Une goutte de champagne pour le petit?

   — Non, merci, je ne veux pas qu'il . . . . , il est trop jeune.

4. (Devant la télévision)
   — J'aimerais bien être journaliste quand je serai grand!

   — J'aimerais mieux que tu . . . .

5. (En regardant une carte routière)
   — Si on allait au Val d'Aoste?

   — Je préférerais qu'on . . . . , je ne connais pas le lac de Genève.

6. (Au retour de l'école)
   — On peut mettre la télé?

   — Je n'aime pas que vous . . . . en faisant vos devoirs.

7. (Un soir d'hiver)
   — Tu devrais allumer toutes les lampes!
   — Tu crois que c'est nécessaire?

   — Moi, j'aime bien qu' . . . . partout, c'est agréable.

8. (Dans la cuisine)
   — Je peux t'aider?

   — Je veux bien que tu . . . . , moi je n'aime pas les faire.

80 Proverbes

Il faut + infinitif

1. Voici une liste de huit proverbes usuels et leur signification donnée à la suite.
Essayez de deviner le sens de chacun de ces proverbes et notez sa signification.

1. Il faut manger pour vivre et non pas vivre pour manger. ☐

2. Il faut tourner sept fois sa langue dans sa bouche avant de parler. ☐

3. Il ne faut pas vendre la peau de l'ours avant de l'avoir tué. ☐

4. Quand le vin est tiré, il faut le boire. ☐

5. Il ne faut pas mettre tous ses œufs dans le même panier. ☐

6. Il ne faut pas mettre la charrue avant les bœufs. ☐

7. Il faut laver son linge sale en famille. ☐

8. Il ne faut pas dire : fontaine, je ne boirai pas de ton eau. ☐

A. Il ne faut pas être trop matérialiste.
B. Il faut commencer par le commencement.
C. Il faut accepter les conséquences de ses actes.
D. Il faut réfléchir.
E. Il ne faut pas parler des problèmes de famille en public.
F. Il ne faut pas jurer qu'on ne fera jamais certaines choses.
G. Il faut se réserver plusieurs possibilités.
H. Il ne faut pas disposer d'une chose que l'on ne possède pas encore.

✎ 2. *Et vous, avez-vous des recettes personnelles à donner aux autres pour :*
– être heureux?
– se sentir libre?
– être aimé?

　　　　Exemple :

Pour être heureux, { **il faut accepter la vie.**
　　　　　　　　　 il ne faut pas écouter les autres.
　　　　　　　　　 ...

EXPRIMER L'INTERROGATION
LE DISCOURS INDIRECT

81 Votre questionnaire

L'interrogation directe

Imaginez les questions que vous poseriez pour connaître la personnalité de quelqu'un.
Sélectionnez collectivement les dix questions qui semblent les plus intéressantes.
Répondez à ce questionnaire.
Proposez-les à d'autres groupes, etc.

Exemples de questions :
– Quel est le personnage historique que vous admirez le plus?
– Quel est l'animal que vous préférez?
...

82 Correspondance (1)

L'interrogation directe

Voici des fragments de lettres familiales.
Complétez les phrases.

Exemple :

Jean-Pierre a passé son examen hier, est-ce $\begin{cases} \text{qu'}\textbf{il est content?} \\ \text{que } \textbf{ça a bien marché?} \end{cases}$

1. Je ne sais pas encore si je pourrai prendre des vacances, et toi, où ... ?
2. Depuis Noël, je suis sans nouvelles de Frédéric et Geneviève, est-ce qu(e) ... ?
3. Tu t'es inscrit à des cours de dessin, avec la maison, les enfants et ton travail, comment ... ?
4. Merci pour la photo de toi et de ton petit copain. Il a l'air bien jeune, quel ... ?
5. Je pensais te voir pendant les petites vacances de février, pourquoi ... ?
6. La compagnie d'assurances ne m'a toujours pas remboursée. Qu'est-ce que ... ?
7. Il y a bien longtemps, ma petite-fille, qu'on ne s'est pas vues, quand ... ?
8. Je ne sais jamais quoi offrir à ton mari, donne-moi une idée, qu'est-ce que ... ?
9. Vous vous souvenez que je vous ai prêté cinq mille francs; je dois vous dire que j'en aurai besoin plus tôt que je ne pensais. Quand ... ?
10. Pour Noël, je voudrais offrir à ta sœur une bague comme la tienne. Combien ... ?

83 Correspondance (2)

L'interrogation indirecte : *ce que, quel(s), quelle(s), combien, où, quand, si*

Les phrases suivantes pourraient figurer dans des lettres.
Terminez-les en tenant compte des indications données.

Exemple :

Hôpital Pellegrin (Bordeaux) / *inscription, possibilités, dates, conditions.*

J'aimerais faire un stage dans l'hôpital que vous dirigez et je voudrais savoir

ce que je dois faire pour m'inscrire.
si c'est possible.
quand je dois m'inscrire.
quelles sont les conditions d'admission.

1. Faculté des Lettres (Strasbourg)
   J'aimerais suivre un cours de philologie à Strasbourg.
   Pouvez-vous me dire ... / *dates d'inscription, programme.*

2. Agence Afriktour (Tunis)
   Comme nous voulons aller dans le désert, nous aimerions savoir ... / *pistes, itinéraire, époque.*

3. Consulat de France (Lima)
   J'aurais besoin d'un visa avant la fin du mois; pouvez-vous me dire ... / *date, prix.*

4. M. et Mme Lebreton (Nantes)
   Je travaillerai chez vous, au pair, et je voudrais savoir exactement ... / *rémunération, nombre d'enfants, travail.*

5. Auberge de Jeunesse (Bruges)
   Nous avons l'intention de passer trois jours à Bruges au mois d'août. Pouvez-vous nous dire ... / *arrhes, possibilités de cuisine.*

6. Services culturels, ambassade de France (Mexique)
   Je suis ingénieur en aéronautique, et je voudrais passer un an à Toulouse pour me spécialiser. J'aimerais savoir ... / *adresse d'école, démarches à faire, possibilités de bourse.*

84 Mystères et problèmes

L'interrogation indirecte : adverbes, pronoms et adjectifs interrogatifs

Dans les phrases suivantes, il y a un mystère ou un problème qui se pose.
Imaginez lequel et terminez les phrases.

Exemple :

Elle est triste depuis quelque temps, je me demande
$\begin{cases} \text{ce qu'elle a.} \\ \text{si elle n'est pas malade.} \\ \text{pourquoi.} \\ \text{ce qui lui arrive.} \end{cases}$

1. Mon mari est en voyage, je suis sans nouvelles, je me demande ... .
2. Il sort tous les soirs à minuit moins le quart. Je me demande ... .
3. Je viens de recevoir la quittance du téléphone et je n'ai plus d'argent. Je me demande ... .
4. Elle vient de se marier avec un homme qui a vingt ans de plus qu'elle. Je me demande ... .
5. Il est en retard, comme d'habitude. Je me demande ... .
6. Je n'ai pas reçu de réponse à ma lettre. Avec cette grève, je me demande ... .
7. Ils ont mis l'avenue Saint-Martin en sens unique. Je me demande ... .
8. Impossible de dormir. J'ai déjà pris un comprimé et je me demande ... .
9. Le Directeur m'a convoqué dans son bureau. Je me demande ... .
10. Les Dumas-Ferté viennent dîner demain. Je me demande ... ils sont si difficiles !

....

....

....

....

....

....

....

....

....

....

....

85 Puzzle

Discours indirect : l'ordre, l'interrogation, la déclaration

Trouvez l'élément qui peut compléter les verbes proposés.
(Il y a, en général, deux possibilités.)

Exemple :

J'ai croisé le Directeur dans le couloir.

Il m'a dit
Il m'a demandé
d'aller dans son bureau.
qu'il m'attendait dans son bureau.
si je pouvais rester ce soir.

1. Jacques a téléphoné.

Il m'a demandé — de garder son petit garçon.
Il voulait savoir — que son petit garçon resterait à la maison.
Il m'a dit — si je pouvais garder son petit garçon.

2. Je suis allée me renseigner.

Le policier m'a dit — si j'avais pris contact avec le bureau des Douanes.
Le policier m'a demandé — de prendre contact avec le bureau des Douanes.
— que je devais prendre contact avec le bureau des Douanes.

3. Ma collègue de bureau Mme Simon...

... m'a demandé — si je voulais donner des leçons de français à sa fille.
... m'a dit — que sa fille devait prendre des leçons de français.
— de donner des leçons de français à sa fille.

4. On a ouvert une voiture dans le parking de l'immeuble.

Je voudrais bien savoir — que quelqu'un de l'immeuble a fait ça.
Je sais — qui est coupable.
— qui a fait ça.

5. Je suis allé à l'Agence pour l'emploi.

Ils m'ont dit — qu'il fallait que je constitue un dossier avant le 30.
Ils m'ont demandé — si j'avais déjà déposé un dossier.
— de constituer un dossier avant le 30.

6. En regardant un jeu à la télévision.

J'aimerais savoir — ce que ça coûte.
On dit — que ces spectacles plaisent aux téléspectateurs.
— si vraiment ça intéresse les gens.

86 « Alors! Raconte... »

Le discours rapporté au passé

Dans les conversations ci-dessous, une des personnes rapporte ce qu'on lui a dit.
Complétez les phrases.

Exemple :

(Diagnostic)
— J'ai porté mon analyse chez le Dr Seubat.
— Alors !

— Il a dit que $\begin{cases} \textbf{tout était normal.} \\ \textbf{je n'avais rien.} \end{cases}$

— Ouf ! Tu dois être soulagé !

1. *(Administration)*
— je suis allé demander qu'on m'installe le téléphone.
— Et alors ?

— On m'a dit que / qu' ....

— 2 mois ! Ça sera long !

2. *(Rupture)*
— Je lui ai dit que c'était fini entre nous. Tu sais ce qu'il m'a dit?
— Non...

— Il a dit que / qu' ....

— Ne t'inquiète pas, il ne fera jamais çà!

3. *(Réclamation)*
— Et ta facture de 5 000 F? On t'a donné des explications?

— J'ai téléphoné chez Volkswagen, et on m'a dit de / d' ....

— Si tu veux, je vais avec toi.

4. *(Délai)*
— Je suis allée voir Mme Laborde pour lui dire que je remettrai le travail avec quinze jours de retard.
— Elle a protesté?

— Non, elle a dit que / qu' ....

— Elle est sympa!

5. *(Échec)*
— Nathalie a été recalée à son examen, et tu sais ce qu'elle m'a dit?
— Non! Quoi?

— Que / qu' ....

— Et tu ne peux pas insister pour qu'elle continue?

6. *(Conseil)*
— Après la discussion avec Jacques, j'ai écrit à M. S. au Courrier du Cœur.
— Qu'est-ce qu'elle t'a répondu?

— Elle m'a conseillé de / d' ....

— Elle a raison, il ne faut pas prendre de décisions trop vite...

7. *(Panne)*
— Tu es passé chez l'électricien?

— Oui, il a dit que / qu' ....

— Encore deux jours sans télé!

8. *(Arrivée)*
— Quelqu'un t'attendra à l'aéroport?

— Oui, Judy a téléphoné pour dire que / qu' ....

— C'est gentil.

9. *(Chance)*
— Tu sais ce qu'elle m'a dit, Mme Delamare?
— ...

— Que son mari ....

— 1 000 F! C'est bien!

QUELQUES CIRCONSTANCES
(VERS LA PHRASE COMPLEXE)

« Je twisterais les mots
S'il fallait les twister
Pour qu'un jour les enfants
Sachent qui vous étiez. »
     (*Nuit et brouillard,* chanson de Jean Ferrat)

« Une petite fille en pleurs...
Parce qu'elle avait rêvé
Je ne sais quel amour
Absolu éternel... »
     (Chanson de Claude Nougaro)

« Quand nous chanterons le temps des cerises
Et gai rossignol et merle moqueur
Seront tous en fête. »
     (*Le temps des cerises,* chanson populaire)

« Et j'ai crié, crié
Aline
Pour qu'elle revienne... »
     (Chanté par Christophe)

« Je suis si seule
Dans ma chambre
Depuis que tu m'as quittée... »
     (*Quatre murs,* chanté par Pauline Julien)

« La feuille d'automne
Emportée par le vent
En ronde monotone
Tombe en tourbillonnant. »
     (*Colchiques dans les prés,* chanson populaire)

« Elle était si jolie
Que tout le monde l'aimait... »
     (Chanté par Alain Barrière)

« Elle est à toi cette chanson,
Toi l'Auvergnat qui sans façon
M'as donné quatre bouts de bois
Quand dans ma vie il faisait froid. »
     (*L'Auvergnat,* Georges Brassens)

En passant par la Lorraine
Avec mes sabots.
     (Chanson populaire)

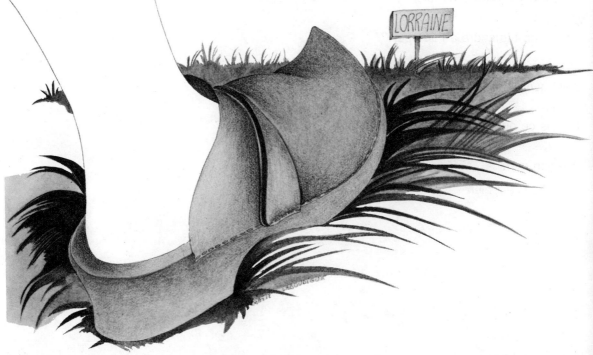

Expression du moyen : *en* + gérondif

Des personnes écrivent à la rubrique « Trucs et bonnes adresses » d'un hebdomadaire. Voici la question et le début de la réponse.
Imaginez la suite.

Exemple :

Comment faire pour trouver du travail en France? (jeune fille suédoise, 18 ans)
Réponse : Voici l'adresse d'un organisme au pair.

En écrivant à cet organisme, ⎰ **vous pourrez trouver du travail en France.**
En vous adressant à cet organisme, ⎱

1. Comment faire pour garder une belle peau? (dame, 30 ans)
Réponse : A votre âge, il faut une bonne crème.

2. Comment faire pour obtenir une bourse d'études? (étudiant en médecine, 22 ans)
Réponse : Demandez un formulaire au Service social de l'Université.

3. Comment faire pour maigrir avant l'été? (jeune fille, 20 ans)
Réponse : Je vous envoie une liste des calories.

4. Comment faire pour gagner de l'argent pendant les vacances? (garçon, 17 ans)
Réponse : Beaucoup de gens ont des animaux qui restent seuls pendant l'été.

5. Comment faire pour perdre ma timidité? (homme, 37 ans)
Réponse : Il y a certainement, dans votre ville, un psychologue qui vous donnera des conseils.

6. Comment faire pour être toujours élégante? (femme, 32 ans)
Réponse : Les vêtements classiques ne se démodent pas.

7. Comment faire pour réussir la mayonnaise? (jeune femme, 24 ans)
Réponse : Mon truc, c'est la moutarde.

. . . .

. . . .

. . . .

. . . .

. . . .

. . . .

. . . .

88 Pêle-mêle

Circonstance de temps : *en* + gérondif

1. Les phrases de la colonne A présentent un événement, les phrases de la colonne B le cadre de cet événement
a. *Reliez celles qui vous semblent possibles* ▪.
b. *Écrivez la phrase obtenue en faisant une transformation selon l'exemple.*

Exemple :

Il a eu un accident { **il chassait.**
                      il faisait du bricolage.

Il a eu un accident { **en chassant.**
                      en faisant du bricolage.

A	B
Il a eu un accident.	Il chassait.
Il s'est endormi.	Il conduisait.
Il s'est mis à pleurer.	Il dansait.
Il est tombé.	Il écoutait la radio.
Il l'a embrassée.	Il faisait du bricolage.
Il l'a rencontré.	Il faisait du ski.
Il a trouvé la femme de sa vie.	Il feuilletait un album.
Il a appris que la police le recherchait.	Il passait la douane.
Il a découvert un trésor.	Il plantait un arbre.
Il a mangé tous les petits gâteaux à la crème.	Il regardait la télé.
Il a fait un trou dans le mur.	Il visitait Pompéi.

. . . .

. . . .

. . . .

. . . .

. . . .

. . . .

. . . .

. . . .

. . . .

. . . .

▪ Les assemblages demandés peuvent donner lieu à des situations amusantes. Dans ce cas, justifiez votre choix.
Exemple : Il s'est mis à pleurer **en dansant** (parce qu'on lui a marché sur le pied, parce qu'il s'est senti seul, parce qu'il a pensé à sa mère...

9 Projets

Quand + futur (simple et antérieur)

erminez les phrases suivantes.

Exemples :

Un étudiant : « Quand **j'aurai mon diplôme,** je prendrai trois mois de vacances. »

Un cadre : « Quand la nouvelle Mercedes sortira, **je changerai de voiture.** »

Une mère de famille :

« Je serai plus tranquille quand les enfants . . . . »

Une adolescente :

« Je quitterai la maison quand . . . . »

Un jeune homme :

« Quand j'aurai une moto, ...»

Un employé de bureau :

« Quand le sous-directeur aura pris sa retraite, ...»

Une jeune fille romantique :

« Quand je serai mariée, je . . . . »

Un paysan :

Ça sera moins fatigant quand . . . . »

Un garçon qui fait son service militaire :

« Quand j'aurai une permission, ... »

Un travailleur immigré :

« Je rentrerai dans mon pays quand . . . . »

Et vous?

. . . .

0 « Précisez pourquoi »

_a cause : *parce que*

ites une phrase en transformant l'expression en italique.

Exemple :

Il n'a pas pu devenir pilote d'avion *à cause de ses yeux.*

Il n'a pas pu devenir pilote d'avion ⎰ **parce qu'il est très myope.**
⎱ **parce qu'il a une très mauvaise vue.**

Les gens ne sortent plus *à cause de la télévision.*

2. Le médecin lui a interdit de prendre l'avion *à cause de son cœur.*
3. Il ne pourra pas s'inscrire dans cette école *à cause de son âge.*
4. Il n'a pas obtenu ce poste *à cause des tests.*
5. Il n'a pas voulu quitter son pays *à cause de sa femme.*
6. Il a été emprisonné *à cause de ses idées politiques.*
7. La police surveille les écoles *à cause de la drogue.*
8. Il a été recalé à son examen *à cause de l'orthographe.*

. . . .

. . . .

. . . .

. . . .

. . . .

. . . .

. . . .

91   Anecdotes à raconter

La cause : *comme*

Complétez les phrases.

Exemples :

Le contrôleur est passé. **Comme elle n'avait pas de billet,** elle a dû payer une amende de 200

Le contrôleur est passé. Comme c'était interdit de fumer, **ils ont changé de compartime**

1. Il avait oublié sa clé. Comme il habitait au rez-de-chaussée, il ... .
2. Il est tombé dans la rivière; comme il ... , il est mort noyé.
3. Il avait un faux passeport, mais comme un policier l'a reconnu, il ... .
4. Il y avait − 2° dans la pièce. Comme ils ... , ils ont brûlé de vieux meubles.
5. Ils n'ont pas voulu suivre les conseils de la météo, et comme les routes étaient verglacées, ils .
6. Ils ont voulu lui prendre son sac, mais comme elle ... , ils sont partis à toute vitesse.
7. Jeff Miller a chanté hier soir au casino. Comme ... , la salle était à moitié vide.
8. Un chien abandonné est venu dans son jardin. Comme ... , elle l'a adopté.

. . . .

. . . .

. . . .

. . . .

. . . .

. . . .

. . . .

2 Consommation

Pour + infinitif

Les phrases suivantes peuvent devenir des slogans publicitaires si l'on précise l'avantage des machines proposées.
Complétez-les dans ce sens.

Exemple :

Achetez une télévision portative pour... } **regarder votre émission préférée.**
éviter les discussions familiales.
l'emmener en week-end.
suivre le tour de France en Patagonie.

1. Achetez un lave-vaisselle pour . . . .

2. Achetez une lampe à rayons U.V.A. pour . . . .

3. Achetez un congélateur pour . . . .

4. Achetez une caméra-vidéo pour . . . .

5. Achetez une chaîne haute-fidélité . . . .

6. Achetez un four à micro-ondes pour . . . .

7. Achetez un radio-réveil pour . . . .

8. Achetez un téléphone sans fil . . . .

9. Achetez un robot ménager pour . . . .

10. Achetez un talkie-walkie pour . . . .

3 Idées-cadeaux

Pour que + présent du subjonctif

Voici une liste de cadeaux :

- un atlas,
- un réveil,
- une grosse écharpe en laine,
- une photo,
- du papier à lettres,

- un livre de cuisine,
- un cendrier,
- une cravate,
- une tirelire,
- un dictionnaire.

Rédigez le petit message qui pourrait les accompagner.

Exemple :

Un atlas, { **pour que tu penses à notre prochain voyage.**
{ **pour que tu saches où se trouve le Liechtenstein.**

94 Quelles sont leurs intentions ? »

Pour + infinitif
Pour que + N + présent du subjonctif

Complétez les phrases suivantes.

Exemples :

La police de la route parcourt le pays pour **faire respecter le code de la route.**

La police de la route s'arrête aux endroits stratégiques pour que **les conducteurs soient plu prudents.**

1. La revue *Paris-Hebdo* a modifié sa présentation pour ... .
   La revue *Paris-Hebdo* a ouvert une rubrique « Courrier » pour que les lecteurs ... .
2. Les libraires utilisent des ordinateurs pour ... .
   Les libraires classent leurs livres par ordre alphabétique pour que les acheteurs ... .
3. La municipalité édite un petit journal pour ... .
   La municipalité crée des centres de loisirs pour que les jeunes ... .
4. Les professeurs de langue se recyclent régulièrement pour ... .
   Les professeurs de langue organisent des échanges scolaires pour que les élèves ... .
5. Les dentistes assistent à des congrès pour ... .
   Les dentistes utilisent des instruments ultra-modernes pour que leurs malades ... .
6. Le gouvernement a modifié la loi électorale pour ... .
   Le gouvernement a interdit la publicité sur le tabac pour que les gens ... .
7. Les gens de cirque font défiler les animaux pour ... .
   Les gens de cirque font une séance spéciale le dimanche après-midi pour que les familles ... .
8. Les supermarchés emploient des inspecteurs pour ... .
   Les supermarchés mettent les bonbons près des caisses pour que les enfants ... .

5 Avec des « si »...

es problèmes sociaux sont évoqués dans les phrases suivantes.
aginez une solution à ces problèmes et complétez les phrases.

Exemple :

La vie dans les villes serait plus humaine **si les gens étaient moins égoïstes.**

. Le danger nucléaire serait écarté ... .
. Il y aurait moins de racisme dans le monde ... .
. L'air serait moins pollué ... .
. Les gens seraient moins seuls ... .
. Les pays du tiers monde seraient plus développés ... .
. Les femmes se sentiraient plus libres ... .
. Tout le monde pourrait faire des études ... .
. Il y aurait du travail pour tous ... .
. Dans certains pays, il y aurait plus de liberté ... .
. Les cultures minoritaires ne seraient plus menacées ... .

....
....
....
....
....
....
....
....
....
....
....
....

6 Robinson

L'hypothèse : le conditionnel présent

Si vous deviez partir pour un an sur une île déserte...

Où serait l'île de votre choix?

Comment serait cette île? (Donnez trois caractéristiques.)

Aimeriez-vous emporter un animal avec vous? Lequel? Pourquoi?

Quels objets emporteriez-vous? (Citez trois objets.)

Comment occuperiez-vous votre temps?

2. Faites une liste de personnalités auxquelles vous aimeriez vous substituer :
— le maire de la ville,
— le directeur de votre établissement,
— le chef du gouvernement,
etc.

Puis dites ce que vous feriez :

« Si j'étais le maire, je ... »

97 Regrets

Conditionnel passé

Complétez les phrases.

Exemple :

Quelle chaleur ! Si j'avais su, $\left\{ \begin{array}{l} \textbf{je serais resté à la maison.} \\ \textbf{j'aurais mis une robe légère.} \\ \textbf{j'aurais apporté mon maillot.} \end{array} \right.$

1. Il n'y a pas d'ambiance ici ! Si j'avais su ... .
2. Il y a beaucoup de mots qui ne sont pas dans ce dictionnaire, si j'avais su ... .
3. Elles me font mal ces chaussures ! Si j'avais su ... .
4. Je suis déjà en retard et ce métro qui n'arrive pas. Si j'avais su ... .
5. J'ai les mains glacées, si j'avais su ... .
6. Je crois que ce bleu ne me va pas du tout, si j'avais su ... .
7. Ce stage n'est pas intéressant, il me semble que je perds mon temps ; si j'avais su ... .
8. Il va falloir que je voyage debout ! Si j'avais su ... .

. . . .

. . . .

. . . .

. . . .

. . . .

. . . .

. . . .

. . . .

98 Bavardages

Depuis que + verbe au présent ou au passé composé

De petits événements peuvent être à l'origine de changements dans la vie d'une collectivité. Ici, un immeuble
deux voisines font des commentaires.
Complétez les phrases.

Exemples :

Depuis qu' { **il est séparé de sa femme,** / **il est seul,** } M. Berthier est tout triste.

Depuis qu'elle s'est fait opérer du nez, Mlle Lelong { **est plus souriante.** / **a trouvé un amoureux.** }

1. La vieille Mme André ne sort plus depuis que ... .
2. Depuis qu'elle a eu un bébé, Mme Fernandez ... .
3. Depuis que les Coty ... , on n'est plus tranquille le dimanche matin.
4. Depuis que la fille du 4e ... , sa mère ne vient plus la voir.
5. Depuis qu'il ... , Jean-Charles est toujours avec une fille différente.
6. Depuis qu'il ... , le médecin ne sort plus tous les soirs.
7. Depuis qu'elle est au chômage, la voisine d'à côté ... .
8. Les Weiss se déplacent en vélo depuis qu'ils ... .
9. Mlle Dupuis est plus élégante depuis que son patron ... .
10. Depuis que son mari a été nommé directeur, Mme Nédellec ... .

. . . .

Choisissez des événements de l'actualité et dites quelles sont les suites de ces événements.

Exemple :

Depuis que X... est au pouvoir, la presse est plus libre.

Trouvez quelques exemples de ce type.

99 Décisions pas trop graves

> **La conséquence : adverbes *tellement, si*■**

Les éléments de conversation proposés peuvent être à l'origine d'un récit.
Complétez les phrases qui commencent ce récit.

Exemple :
(Dans un camping, sous la tente)
— On s'en va? On est tellement bien ici...
— Si tu veux, on reste une semaine de plus.
• On pensait passer deux jours seulement dans ce camping, mais **on était tellement bie** **qu'on est restés une semaine de plus.**

1. (Au cours d'un repas)
   — Hum! Il est vraiment bon ton gâteau! Je peux le finir?
   — Bien sûr!

   • Pour son anniversaire, elle a fait un gâteau. Il ....

   ....

2. (Dans une salle de cinéma)
   — Écoute, je trouve ce film insupportable... J'ai envie de partir.
   — D'accord, on s'en va.

   • Nous sommes allées voir le film de *D.*, mais nous ....

   ....

3. (Devant la porte d'un music-hall)
   — C'est combien les places?
   — 250 F.
   — C'est trop cher, n'en prends pas!

   • On voulait aller au récital de *X.*, mais les places ....

   ....

4. (Dans un appartement)
   — Je ne peux pas dormir avec le bruit qu'ils font!
   — Tant pis! J'appelle la police.

   • Nos voisins sont de plus en plus pénibles : la nuit dernière, ils ....

   ....

5. (Sur une route nationale)
   — Qu'est-ce qu'il y a comme circulation!
   — Prenons l'autoroute.

   • Vendredi soir, il ....

   ....

6. (Dans un grenier)
   — Qu'est-ce que tu veux faire avec tous ces journaux?
   — Il y en a trop, jette-les, va.

■ *Si* peut être employé à la place de *tellement* avec des adverbes et des adjectifs.
Exemple : « ... mais on était *si bien qu'*on est restés une semaine. »

• Je n'ai plus le journal que tu me demandes : la semaine dernière, j'ai voulu classer les vieux journaux

et . . . .

. . . .

. (Un dimanche, dans une maison de campagne)
  — Qu'est-ce qu'il pleut !
  — Eh bien restons à la maison, on peut jouer aux cartes...

• Dimanche, on est allés à la campagne, on voulait se promener, mais il . . . .

. . . .

. (Sur le pas d'une porte)
  — Non ! Ne m'abandonne pas ! *(pleurant)*
  — Bon, je reste...

• Je voulais quitter Jean-Rémi, mais, au dernier moment, il . . . .

. . . .

00   « Trouvez le lien »

> **La phrase complexe :** *parce que* (cause) — *si ... que* (conséquence) —
> *quand* (temps)

'oici cinq textes. Entre les deux parties de chaque phrase, il y a deux points. Selon les cas, ces deux points
orrespondent à un rapport de *cause,* de *conséquence* ou de *temps.*
rouvez ce rapport et reliez les phrases.

Exemples :

(Un accident)
J'allais vite : j'avais très peur d'être en retard.
J'allais vite parce que j'avais peur d'être en retard.

J'étais très énervée : j'ai oublié de mettre mon clignotant.
J'étais si énervée que j'ai oublié de mettre mon clignotant.

J'ai vu l'autre voiture : j'ai compris que c'était trop tard.
Quand j'ai vu l'autre voiture, j'ai compris que c'était trop tard.

. (Fête au village)
Les majorettes ont défilé : les gens sont tous sortis dans la rue.

. . . .

Ils ont applaudi : c'était la première fois qu'ils en voyaient au village.

. . . .

. (Club de jazz au lycée)
Les élèves du lycée Balzac ont voulu créer un club de jazz au lycée : il n'y avait aucune salle disponi-
ble dans leur ville.

. . . .

Le proviseur était très heureux de cette initiative : il leur a donné toutes les facilités.

. . . .

3. (Déclarations d'une voyageuse)
   « Le week-end dernier, je suis allée chez ma sœur à Avignon : c'était la communion de sa fille.

   . . . .

   Avec le TGV, c'est très rapide : je n'ai pas vu le temps passer.

   . . . .

   Je suis arrivée : je n'étais pas fatiguée du tout. »

   . . . .

4. (Une crèche pour le 3e arrondissement ?)
   Les habitants du 3e arrondissement ont manifesté : il n'y avait pas de crèche dans leur quartier

   . . . .

   Ces manifestations ont été très fréquentes : finalement la Municipalité a pris des mesures.

   . . . .

5. (Un témoin)
   « Je me suis réveillée : quelqu'un criait dehors. J'ai regardé par la fenêtre, j'ai vu une forme lumineuse... »

   . . . .

   « J'ai eu très peur : j'ai appelé une voisine. »

   . . . .

Index

es numéros renvoient aux exercices.

─────── **A** ───────

(préposition) :
 – appartenance : 29.
 – caractérisation : 11.
 – lieu : 30, 33, 35.

djectif :
 – adj. numéral : 23, 24.
 – adj. possessif : 27, 28.
 – adj. possessif et article dans la phrase négative : 39.
 – adj. qualificatif (place) : 1, 2, 3, 6.

dverbes :
 – de comparaison *(comme)* : 15, 17.
 – de comparaison *(aussi, autant, moins, plus)* : 12, 16.
 – de conséquence *(si, tellement)* : 99.
 – de lieu *(dedans, dessous, dessus)* : 31.
 – de lieu : 32.
 – de quantité *(assez, beaucoup, trop)* : 20.
 – de temps : 51.

rticles :
 – défini, indéfini, partitif : 21, 26, 40.
 – possessifs : 27, 39.

ssez de (adverbe) : 20.

ussi (adverbe) : 12, 16.

utant (adverbe) : 12, 16.

─────── **B** ───────

eaucoup de (adverbe) : 20.

ut (complément de) :
 – *pour* + infinitif : 92.
 – *pour que* + subjonctif : 93, 94.

─────── **C** ───────

ause (subordonnée de) :
 – *comme* : 91.
 – *parce que* : 90.

elui, celle(s), ceux (pronoms émonstratifs) : 9, 10.

'est/ce n'est pas :
 – + adjectif : 36.
 – + substantif déterminé : 40.

omme :
 – adverbe de comparaison : 15, 17.
 – conjonction de subordination (cause) : 91.

omparatifs et comparaison :
 – *comme* : 15, 17.
 – *« on dirait »* : 13.
 – *plus, moins, autant, aussi* : 12, 16.

Conditionnel :
 – présent : 95, 96.
 – passé : 97.

Conséquence (subordonnée de) : 99.

─────── **D** ───────

Dans (préposition) :
 – lieu : 30, 31.
 – temps : 59.

Date : 54, 59.

Dedans (adverbe) : 31.

Depuis (préposition de temps) : 73.

Depuis que (conjonction de subordination) : 98.

Dessous (adverbe) : 31.

Dessus (adverbe) : 31.

Discours indirect
 – *demander de :* 76, 85.
 – discours rapporté au passé : 86.
 – interrogation indirecte : 83, 84, 85.

─────── **E** ───────

En (préposition) :
 – + gérondif de moyen : 87.
 – + gérondif temporel : 88.
 – de lieu : 30, 33, 35.
 – de temps : 59.

En (pronom personnel) : 18, 19.

Expressions lexicales
 – de comparaison *(« on dirait »)* : 13.
 – de quantité (substantifs) : 21.
 – de quantité (langue familière) : 22.
 – de temps : 51, 53, 63, 70.
 – de temps : *(il y a ... que...)* : 66.

─────── **F** ───────

Forme négative
 – *c'est/ ce n'est pas* + adjectif : 36.
 – *jamais, pas, personne, rien :* 45.
 – *ne ... plus :* 43, 44.
 – *pas de / d' :* 38, 39.
 – place des pronoms personnels : 42, 49.
 – sens de quelques expressions usuelles : 47, 50.
 – verbes à l'impératif : 48.
 – verbes usuels : 41.

Futur :
 – 64, 65.
 – et futur antérieur : 89.
 – et présent de l'indicatif, et imparfait : 62.

─────── **G** ───────

Gérondif :
 – de moyen : 87.
 – de temps : 88.

─────── **H** ───────

Hypothèse :
 – *si* + imparfait de l'indicatif : 95.
 – et conditionnel présent : 96.
 – et conditionnel passé : 97.

─────── **I** ───────

Il faut :
 – *il faut* + infinitif : 80.
 – *il faut que* + subjonctif : 75, 77.
 – *il faut que* et autres expressions + subjonctif : 78, 79.

Il y a ... que... (temporel) : 66.

Imparfait :
 – descriptif : 60, 61.
 – d'habitude : 52.
 – et passé composé : 68, 72.
 – et présent de l'indicatif : 62, 98.
 – et présent de l'indicatif et futur : 62.

Impératif :
 – 74.
 – et autres expressions exprimant l'ordre et le conseil : 78.
 – forme négative : 48.

Interrogation :
 – directe : 81, 82.
 – indirecte : 83, 84, 85.

─────── **M** ───────

Moins (comparatif) : 12, 16.

─────── **P** ───────

Parce que (conjonction de subordination) : 90, 100.

Pas (adverbe) :
 – *pas de / d' :* 20, 38, 39, 40.
 – *pas, jamais, personne, rien :* 45.
 – dans phrase elliptique : 46.
 – avec expressions : 41, 47.

Passé composé :
 – forme négative et pronom personnel : 49.
 – et imparfait : 68, 72.
 – et plus-que-parfait : 68.
 – et présent de l'indicatif : 30, 71.

Plus (adverbe) :
- adverbe comparatif : 12, 16.
- adverbe négatif : 43, 44.
- *le plus, la plus* (superlatif) : 14.

Plus-que-parfait :
- et passé composé : 68.

Pour (préposition) :
- but : 92.

Pour que (conjonction de subordination) : 93.

Prépositions :
- *à* (appartenance) : 29.
- *à* (caractérisation) : 11.
- *à* (lieu) : 30, 33, 35.
- *depuis* (temps) : 73.
- diverses prépositions de lieu : 30, 31, 32, 33, 35.
- diverses prépositions de temps : 58, 59, 71, 73.
- *pour* (but) : 92.

Présent de l'indicatif : 6, 7, 8, 10, 12, 19, 20, 27, 32, 36, 37, 44, 45, 53, 54, 55, 56, 57, 66, 83, 84.

- avec imparfait : 61, 98.
- avec imparfait et futur : 62.
- avec passé composé : 30, 71.

Pronoms démonstratifs *(celui, celle(s), ceux)* : 9, 10.

Pronoms personnels :
- *en* : 18, 19.
- *le, la, les, lui, leur* (et verbes à la forme négative) : 42, 49.
- place (à la forme négative) : 42, 49.
- *y* : 34.

Pronoms relatifs :
- *que* : 5.
- *qui* : 4, 7, 8.

──────────── **Q** ────────────

Quand (conjonction de subordination : 89, 100.

Que (pronom relatif) : 5.

Qui (pronom relatif) : 4, 7, 8.

──────────── **S** ────────────

Si
- adverbe (conséquence) : 9, 100.
- conjonction de subordination (hypothèse) : 95, 96, 97.

Subjonctif (présent) :
- *il faut que* : 75, 77.
- + autres verbes : 78.
- *pour que* : 93, 94.

Superlatif :
- *le plus, la plus* : 14.

──────────── **T** ────────────

Trop de (adverbe de quantité) : 20.

──────────── **Y** ────────────

Y (pronom personnel) : 34.

Couverture : G. Seintignan
Photocomposition, photogravure : Touraine Compo
Dessins : Silvia Cateura, Maïté Laboudigue
Impression : Jean-Lamour, 54320 Maxéville
Dépôt légal : août 1996